乳幼児 教育・保育シリーズ

保育内容 言葉

秋田喜代美・野口隆子　編著

光生館

保育内容 言葉

編　者

秋田喜代美　東京大学大学院教授
野口隆子　東京家政大学准教授

執筆者（執筆順）　　　　　　　　　　　　　　　　執筆分担

秋田喜代美	前掲	序章
淀川裕美	東京大学大学院教育学研究科附属発達保育 実践政策学センター特任講師	第1章
野口隆子	前掲	第2章❶，第4章
呂　小耘	岩谷学園テクノビジネス横浜保育専門学校 専任講師	第2章❷～❻
久留島太郎	植草学園短期大学准教授	第3章
箕輪潤子	武蔵野大学准教授	第5章❶，❹， 演習問題
菅井洋子	川村学園女子大学准教授	第5章❷，❸， column
横井紘子	十文字学園女子大学准教授	第6章
加藤篤彦	武蔵野東第一・第二幼稚園園長	第7章
安達譲	せんりひじり幼稚園・ひじりにじいろ 保育園園長	第8章
安達かえで	せんりひじり幼稚園・ひじりにじいろ 保育園副園長	第8章
岸井慶子	青山学院女子短期大学教授	第9章

中扉写真　東京学芸大学附属幼稚園

はじめに

　言葉は，子どもたちの自己を形づくり，人との絆をつくりだし，過去から学び未来をつくりだす。保育の場は子どもたちの言葉を育む大切な場であり，専門家である保育者の果たす役割は極めて大きい。本書は，保育の場に関わったり実践経験のある方々に，これから保育を学ぶ人にむけての自らのメッセージを込めた本として執筆していただいた，領域「言葉」のテキストである。

　2018（平成30）年度から実施の新幼稚園教育要領，保育所保育指針，幼保連携型認定こども園教育・保育要領等に対応した内容とするとともに，教職課程コアカリキュラム・モデルカリキュラムにも準拠したものとして，乳児期から5歳の終わりまでに育ってほしい姿までの子どもたちの園の生活のなかでの言葉に焦点を当て，新しく発行するものである。

　それと同時に2009（平成21）年発行の本書の前身となる「新保育シリーズ」『保育内容　言葉』の3点の特徴は，今回の編集に当たっても踏襲をしている。それは第1に初めて学ぶ人たちに保育の基本として知ってもらいたい基礎知識を大事にし，子どもを理解し援助するうえで必要な，子どもの言葉の習得や発達に関わる理解ができるようにすることである。また，第2にどの章でも事例やエピソードを取り上げて紹介することで，学び手が具体的に理解できるよう解説していくようにしたことである。事例にふれることで，実際の保育の場，子どもの様子をイメージできるだけでなく，子どもの振る舞いとして見えることの背景に，日々の生活の連続性や経験の積み重ねがあることが伝わるようにつくることである。そして第3には，子どもだけではなく，子どもの言葉を育てる保育者の役割や専門性が見えるテキストにすることである。

　これら3点の特徴をおさえ，専門学校，短期大学，大学において幼稚園教諭や保育教論，保育士をめざす学生の皆さんが手に取ってわかりやすく，コアとなる内容を意識して作成した。また，これからの時代に見合ったテキストをめ

ざした。様々な制度改革のなかでも，保育の魅力，子どもの可能性をこのテキストから感じ，将来どのような保育者や社会人をめざすのか，そして急激な変化のなかでも変わらず大切にしていきたいことを学び，考え，子どもの言葉に出会うと同時に，保育者の言葉についてもまた考えてほしい。

　本書の出版にあたっては，光生館の皆さんには編集の過程で大変お世話になった。心より感謝申し上げる。

　　2018年2月

編者　秋田喜代美

野 口 隆 子

保育内容 言葉
目　次

序　章 🌿 乳幼児の豊かな言葉が育つための領域 ············· 1

❶ 乳幼児期にふさわしい「生活」の保障 ························· 1

  1 遊びを中心とする生活　1

  2 環境を通しての保育・教育　3

  3 発達と生活の連続性を保障する　5

❷ 領域「言葉」 ·· 6

  1 「領域」という考え方　6

  2 領域「言葉」の内容と取り扱い　8

  (column) 子どもの言葉をともに物語る　17

●第1部●
乳幼児期の子どもの言葉

第1章 🌿 乳児期の言葉の発達過程 ···························· 20

❶ 誕生から3歳ころまでの言葉の発達 ······················ 20

  1 ヒトのコミュニケーションの特徴　20

  2 非言語から言語へ　21

❷ 乳児期の言葉の発達と保育における配慮 ··············· 30

  1 要領・指針で大切にされていること　30

  2 乳児保育における言葉の育ちへの配慮　31

  3 1歳以上3歳未満児の保育における言葉の育ちへの配慮　32

  (column) 言葉の発達の個人差　36

目　次　i

第2章 🌱 幼児期の言葉の発達過程 ……………………………… 37

❶ 乳幼児期から幼児期へ ……………………………………… 37
　　1　伝え合う言葉，考える言葉の発達　37
　　2　読み・書きの発達　39
❷ 個と集団 ……………………………………………………… 42
　　1　集団保育への参加　42
　　2　クラスの一員として　43
❸ 仲間関係と言葉 ……………………………………………… 43
❹ 言葉と思考・表現 …………………………………………… 45
❺ 言葉の楽しさや美しさ ……………………………………… 48
　　1　おもしろそうな言葉との出会い　48
　　2　言葉の感覚　50
❻ 幼児期と児童文化財 ………………………………………… 51
　　1　イメージを共有して伝え合う喜びを味わう　51
　　2　読み聞かせに止まらないこと　52
　　3　幼児期と視聴覚教材等のメディア　52
　　column　クラスの一体感　54

第3章 🌱 幼児期から児童期の言葉 …………………………… 56

❶ 幼児期から児童期の言葉 …………………………………… 56
❷ 接続期（入園や進級時）と言葉 …………………………… 57
❸ 文字環境 ……………………………………………………… 59
　　1　記号や文字との出会い　59
　　2　絵本と文字環境　60
　　3　文字で伝えたい　61
❹ 幼児期の読み書き …………………………………………… 63
❺ 言葉による伝え合い ………………………………………… 64
❻ 保・幼・こ・小の接続で大切にしたいこと ……………… 67
❼ 言葉に関する家庭との連携………………………………… 68
　　column　「おてて絵本」で遊ぼう　70

第4章 🌿 保育者の専門性と言葉⋯⋯⋯⋯⋯⋯⋯⋯⋯⋯71

❶ 子どもの言葉と保育者の役割 ⋯⋯⋯⋯⋯⋯⋯⋯⋯⋯71

❷ 子どもの遊びや学びを支える保育者の援助 ⋯⋯⋯⋯⋯73

❸ 保育者の専門性―保育を語る言葉 ⋯⋯⋯⋯⋯⋯⋯⋯⋯78

　　(column) 教材を考える　83

●第2部●
子どもの言葉を育む保育

第5章 🌿 保育環境と言葉⋯⋯⋯⋯⋯⋯⋯⋯⋯⋯⋯⋯⋯86

❶ 伝え合う言葉を育むための保育環境 ⋯⋯⋯⋯⋯⋯⋯86

　　[1]　伝えたい人，伝えたことを受けとめてくれる人がいる環境　86

　　[2]　伝えたいことが生まれる環境　88

　　[3]　様々な言葉・伝え方に触れること　89

❷ 文字との出会いと文字環境⋯⋯⋯⋯⋯⋯⋯⋯⋯⋯⋯89

　　[1]　園生活における文字との出会い　90

　　[2]　遊びのなかで出会う文字―文字を使う（読む・書く）楽しさや

　　喜びを味わう　91

❸ 保育と児童文化財 ⋯⋯⋯⋯⋯⋯⋯⋯⋯⋯⋯⋯⋯⋯95

　　[1]　保育における「絵本」との出会い　95

　　[2]　発達に応じた絵本との出会い　96

❹ 伝え合う言葉を育む環境構成と指導計画，評価と改善 ⋯⋯⋯97

　　[1]　伝え合う言葉を育む指導計画　97

　　[2]　言葉を育む物的環境の多様性　99

　　[3]　指導計画・環境構成と実践・評価　101

　　(column) 保育における児童文化財「紙芝居」の位置づけ　104

第6章 🌿 遊びと生活のなかの言葉 ⋯⋯⋯⋯⋯⋯⋯105

❶ 乳幼児期の遊びと生活のなかの言葉 ⋯⋯⋯⋯⋯⋯⋯105

　　[1]　遊びや生活に必要な言葉　105

　　[2]　自分の思いを伝える言葉　107

　　[3]　出来事を他者に伝える言葉　108

目　次　iii

❷ 様々な遊びと言葉 ──────────────────────── 110
  1 遊びを支える言葉　110
  2 ごっこ遊びをめぐる言葉のやりとり　112
  3 ルールのある遊びと言葉　113
❸ 言葉のリズムや響き・言葉遊び ───────────── 114
  1 言葉のリズムや響きを感じる・楽しむ　114
  2 様々な言葉遊びを楽しむ　116
❹ 子どもの発達をふまえた遊びや生活と指導援助の実際 ─── 117
  1 自分なりの言葉　117
  2 言葉に対する感受性　118
  (column) 保育者の役割と言葉　121

第7章 🌱 言葉の問題と援助 ──────────────── 122

❶ 領域「言葉」についての特別な配慮や支援 ─────── 122
  1 はじめに　122
  2 一人一人の特性に応じるために　123
  3 発達障害（自閉症スペクトラム障害等）について　124
**❷ 特別な配慮を必要とする子どもの園生活適応のための
　配慮や支援** ──────────────────────── 126
  1 障害のある子どもの保育で大切な考え方について　126
  2 行為を言葉でなぞる　127
  3 生活の見通しを示す工夫―登園してからすること　129
❸ 個別の教育支援計画と個別の指導計画 ──────── 131
  1 はじめに　131
  2 個別の教育支援計画と個別の指導計画について　131
  3 個別の指導計画の一例　132
**❹ 海外から帰国した子どもや生活に必要な日本語の習得に
　困難のある子どもの園生活適応のための配慮や支援** ─── 133
❺ 家庭や地域・関係機関（医療や福祉，保健等）との連携 ─── 134
  1 特別な配慮を必要とする子どもの家庭への理解と配慮　135
  2 海外から帰国した子ども，生活に必要な日本語の習得に
　　困難のある子どもの家庭の理解と配慮　135
  3 地域・関係機関（医療や福祉，保健等）との連携　136

column 「こっちは，倒していいよ」　138

第8章 保育計画と評価 ……………………………………………… 139
❶ 言葉の環境と活動 ……………………………………………… 139
❷ 全体的な計画 …………………………………………………… 142
❸ カリキュラムマネージメント ………………………………… 143
❹ 主体的・対話的で深い学び …………………………………… 146
❺ 新入園児や他園からの転園 …………………………………… 149
❻ 多様な文化的な背景をもつ子どもの受入れ ………………… 151
❼ 家庭との連携 …………………………………………………… 152
　　column 聞くから書くへ　156

第9章 保育・幼児教育の現代的課題と領域「言葉」… 157
❶ 子どもが育つ社会の変化と子どもの「言葉」……………… 157
　　1 情報革命と社会の変化　157
　　2 グローバル化と英語教育　158
　　3 育つことが期待される姿「言葉による伝え合い」　158
❷ 実践のなかで考えるべき課題 ………………………………… 159
　　1 言わずにはいられない言葉（伝えたい内容は豊かか）　159
　　2 みんなの前で話す体験（伝えたい内容よりも，形式？）　160
　　3 形だけ整っている言葉は空虚な言葉　162
　　4 「謝る」という行為と言葉に気持ちはいらない？　164
❸ 保育者の関わり ………………………………………………… 165
　　1 聴き手としての保育者　165
　　2 話し手としての保育者　167
　　3 “やりとり”する保育者　168
　　4 集団生活と言葉　169
　　column 「なんのために？」（4，5歳児混合クラス　6月）　173

索　引 …………………………………………………………………… 175

序章

乳幼児の豊かな言葉が育つための領域

❶ 乳幼児期にふさわしい「生活」の保障

1 遊びを中心とする生活

　子どもたちは家族や仲間とともに，社会や文化のなかで育っていく。生活のなかで文化の様々な活動に参加し，知識や技能を習得し，そして自分なりに関わり，新たな文化をつくり出す人へと育っていく。保育所や幼稚園，認定こども園等は，子どもが最も活動的である日中の時間の大半を，仲間や保育の専門家である保育者と過ごす生活の場である。つまり，家族以外の他者と初めて集団で過ごす場が園となる。そこで，どのような質の経験を乳幼児期の子どもたちが行うことができるのかが，子どもの心身の健やかな発達のあり方を方向づけていく。

　乳幼児期は，子どもの発達の個人差や家庭での生活経験も大きい時期である。運動機能や知的機能が伸び，対人関係も広がる。それは，人が人らしくあ

る証ともいえる，言葉の獲得も急速に進む。言葉の獲得は，子ども自らが，自分の周りの環境である人やものに主体的にはたらきかけ，周りもそれに応えてやりとりをすることによって伝え合い，心を通わせるなかで行われる。自分がもっている力や経験を生かし，また新たなことをそのやりとりからまねたりしながら，取り入れて学び，自分でも繰り返し使ってみることで，身につけ，発達していく。したがって，子どもが自ら能動性を発揮でき，主体的に取り組むことのできる活動としての「遊び」を中心とする生活を，園での経験として保障することが求められる。

　遊びというと現在では，スマートフォンなどの電子情報機器やDVDなどの映像機器，あるいはアニメキャラクター玩具などの，子ども用商品が街にあふれ，子どもたちもそれらを容易に手にするようになっている。子どもたちの家庭生活では，家族の多忙化や地域での安全に向けての危機管理などもあり，室内での活動で子どもの生活時間が乳幼児期から区切られることが主になっている。しかし，乳幼児にふさわしい生活とは，子どもたちが知的好奇心や興味関心をもって，心身を十分に動かしながら自分のもてる力を発揮し，戸外や室内において仲間と楽しめる生活である。そしてそのなかで学び，また仲間と工夫しながら事物に挑戦して関わり，深く触れ合い，そこに没頭できていく経験である。この意味で，保育の基本は，遊びを中心とする，乳幼児にふさわしい生活を保障していくことにある。

　その際，子ども一人一人が能動的に環境にはたらきかけるという主体性が発揮されるように，子どもにとってくつろぎ，心の安定した居場所をつくること，すべての子どもがいまここを最もよく生きられる場に園生活がなっていくことが求められる。それが，乳幼児期の子どもの人権と最善の利益を保障していくことにつながっていく。

　ある園で，保育者が新しい遊びを説明しクラスみんなでできるように紹介している。1人の子どもがその活動を終えると「先生，もう僕たち遊んできていい？」という言葉を発した。新しい遊びが保育者や仲間から伝承されることで，遊びの幅が広がっていくことや，みんなでそれを共有できることもとても大切である。しかし一方で，主体的に自分で選択してやりたい遊びをするときに，

子どもの心はワクワクと動き始めることを，この子どもの言葉は表しているといえないだろうか。

　もちろん，子どもたちの行動のなかにはおとなや子どもに導かれて始まることも多い。つまり，子どもが自発的に自分で最初から考え出して何でも行っているわけではない。自発的でなかったとしても，しだいにその活動に向かうことで，その子なりにやりとげようとする思いが生まれることも多い。その子なりの思いや取り組みたい活動や課題が，そこにはある。一方，手をつけてみても，すぐにあきてしまうこともある。このようなときには，必ずしも主体的に深く関わっているということはできない。子どもなりの次の一歩への期待ができていない。この意味で，自発性と主体性はときには重なり，ときには異なっている。重要なのは，主体としての子どもにとって意味のある活動か，そしてその活動が他者やものと対話し深い関わりや学びを保障する活動になっているかどうかということである。

2　環境を通しての保育・教育

　しかし，子どもをただ自由に遊ばせていればよいというわけではない。子どもは周りの事物にはたらきかけ，その環境がはたらきかけに応えてくれることによって，そこから様々なことを学んでいく。環境によって，自分の好きなように，場やものを構成したり，組み合わせてつくったりする。また，言葉を交わしあってイメージを共有し，想像によってその役になりきって，ごっこの世界を広げることのできる環境もあれば，自然物や自然現象のように，人の力では変えることのできない事物に出会い，知的好奇心をかき立てられ，不思議さや驚きに目をみはり，じっと受けとめたり待つことが求められる経験ができる環境もある。また，土を耕したり，暑いなかでも汗水ながして農作物つくり出すことで達成感が得られる環境もある。様々な時期に様々な内容の環境が準備され，その環境に子どもが出会うことが求められる。環境が，どのような内容と質の経験を，いつの時期にどのように保障しているかが，問われるのである。専門家である保育者が，保育や教育の意図をこめて，環境を計画的に準備することが必要である。そして状況に応じて，その環境を子どもとともに再構成し

❶ 乳幼児期にふさわしい「生活」の保障　　3

ていくことが求められる。

　子どもにとって意味ある環境となるには，身近にあり日常の暮らしのなかで繰り返し出会うことができることが大事である。保育者は準備したつもりでも，子どもにとって，何も注意や興味関心が生まれず，出会ったりふれあったりができない事物であれば，それは子どもにとっての環境とはなっていない。たとえ草花や絵本が園庭や保育室に準備されたとしても，それらが子どもにとって目の届かない場所，気がつかないものであれば，子どもにとっての環境にはならない。そこでこの環境に，子どもの目が向くように場を考えたり，保育者自身がその場にいることで，子どもの関心をいざなったりというようにして，子どもがその環境とやりとりできるようにすることが必要なのである。環境を準備した保育ではなく，環境を通して保育するという言葉に表れるように，子どもがその環境とふれて「通じあう」ことが必要である。特別な行事や環境も子どもたちにとって，とてもよい思い出となる。しかし，日々のふりつもるような経験，繰り返し出会える環境に行きかうなかで子どもが育つ部分が大きい。なぜなら，特別な環境ほどおとな側が準備し，取り決めることが多くなるからである。子どもが自分で選ぶことで自分なりのやり方で参加する余地ができる。そのことで，子ども自身が環境に交わり，身体全体でわかり，通じていくことができるのである。

　学校教育法22条で「幼稚園は，義務教育及びその後の教育の基礎を培うものとして，幼児を保育し，幼児の健やかな成長のために<u>適当な環境</u>を与えて，その心身の発達を助長することを目的とする」（下線筆者）とある。一義的に保育者側がこれなら適切と判断して与えるのではなく，子ども側に選択の余地があることが「適当な環境」となるのである。ふさわしいものを準備するが，それが様々な子どもの，様々なときに，ちょうどあうよう選べることの適当さなのである。環境は最初に準備され，与えられるだけのものではない。時々刻々と動くなかで，そのときにふさわしい環境，適当な環境となっていることが必要である。そこで，子どもとともに環境をつくりながら，再構成していくことが，いつも適当な環境となっていくために大事なのである。

　ここでの環境とは，物的環境だけを指すのではない。保育者も仲間の子ども

4　第1部　序　章 ★ 乳幼児の豊かな言葉が育つための領域

たちも，その子どもから見ると，とても大事な人的環境である。物的環境と人的環境が組み合わさることによって，子どもにとって意味ある環境となるのである。話し言葉を考えれば，豊かな言葉を与えてくれ，また自分で言葉を使って，遊びや生活のなかで伝え合う相手である，保育者や友だちこそが，最も重要な人的環境といえるだろう。

③　発達と生活の連続性を保障する

　乳幼児は，自分がすでにもっている知識や技能などを生かすことができるときに，有能であり，主体的になることができる。子どもは家庭や地域でも様々な経験をしてきている。したがって，その家庭での経験や地域での経験が生かせるように，園の中での経験との「生活の連続性」を保障することが大切である。園であった楽しい出来事を保護者にも伝えることで，子どもはそれをさらに家庭でもやってみるかもしれない。また，家庭で経験したことを園にもってくることで，園でのみんなの活動が広がることもあるだろう。このような連続性を保障することが大切である。家庭と園のつながりを意識して，園で元気に活動できるように，家庭での生活リズムを考えてもらうように，園が家庭にはたらきかけることも，幼児期にふさわしい経験を園で子どもたちができるために必要である。

　また，子どもたちは乳児期から幼児期へ，3歳児クラスから4歳，5歳へ，そして小学校へと経験を積み重ねていく。過去の経験が今の活動を豊かにし，そしてまた今の経験を十分に生きられることでさらに次の経験へとつながっていけるような，時間を保障できることが必要である。そのためには，保育者が一人一人の発達の道筋をとらえて関わると同時に，園全体として3年間や6年間といったように，入園から修了までを長期的に見通して，計画的に環境や活動を組織していくことが必要になる。保育はその場かぎりのものではない。長い目で子どもの育ちをとらえる専門家の知識によって，計画的に組織されることが必要になる。そこで園では，教育課程や全体的な計画，そして年間指導計画，月案や週案をたて，ねらいをもって日々の保育を行っている。それらの計画によって，子どもたちの園での生活に応じた期に沿って，活動や環境を組織

していくことで，園生活のなかで繰り返し活動をしながら，先行の経験を生かして，年ごとに経験を深めていくことができるのである。そして，そのように長い見通しのなかで培われていく経験だからこそ，メッキのようにはげおちることなく，子どもたちの心身に深く刻み込まれ，小学校以後の経験へとつながり，また保育所や幼稚園と小学校の段差を乗り越えて新たな環境にまた自ら関わっていく学びに向かう力を生み出していくのである。

　保育においては，この長い目で子どもの過去の経験が生きるように育ちをみていくことのできる見通しと，今ここでの子どもの声を聴きとり，行おうとしている思いをくみ取り，瞬時にそれにふさわしい判断をすることが求められる。その判断によって子どもの意欲をのばし，関わりを深めることができるのである。

2 領域「言葉」

1 「領域」という考え方

　子どもたちが未来社会を切り拓くための資質・能力を育成していくためには，子どもが初めから好きと思っていることを好きなだけやっているだけでよいとは必ずしもいえない。それでは偏りができる。初めはためらいながらであっても，乳幼児期に体験しておくことで，その後，抵抗感がなくなったりすることも多い。虫や土，砂などとの出会い，バランス感覚などの運動経験などもその一つかもしれない。様々な経験をしていくことが，生涯生活者として生きていくための生きる力を培うのである。

　そこで，様々な内容の経験を，在園中に積み重ねていくことができるように考えていくことが不可欠である。このために，保育所保育指針，幼稚園教育要領，幼保連携型認定こども園教育・保育要領では「領域」を設け，そのねらい及び内容とその内容の取扱いを示している。ねらいは，育みたい資質・能力を幼児の生活する姿からとらえたものであり，内容はねらいを達成するために指導する事項である。内容は「健康」「人間関係」「環境」「言葉」「表現」の5領

域で構成されている。子どもがその時期にふさわしい経験を保障していくために示されている保育・教育の内容である。領域は，小学校以上の教科とは異なり，領域別に時間で区切ったり，場所を変えて，活動を組織するわけではない。「内容は，幼児が環境に関わって展開する具体的な活動を通して総合的に指導されるものであることに留意しなければならない」（「幼稚園教育要領」第2章1節ねらい及び内容の考え方と領域の編成）にあるように，遊びという総合的な活動のなかで行われる。お誕生会でみんなでお祝いすることは，その子に健やかな成長の喜びを感じさせるとともに，学級の仲間との関係を深める。そこでお祝いの気持ちを伝えることで，うれしい気持ちを伝える言葉を学ぶかもしれないし，お誕生日プレゼントをみんなでつくる活動があったり，年齢を数字で示すことも行われるかもしれない。そこには，領域の様々な内容が含まれているのである。領域は，食事の栄養素のようなものである。料理人は健康のためには栄養素についての知識をもち，その栄養素がその食事にどのように入っているかを知っている必要がある。しかし，料理としては，栄養素別のサプリメントを飲むのではなく，子どもにとっておいしい料理を準備することが大事であり，子どもとともに，一緒にその食事をおいしく味わえることが求められる。栄養素の解説や何に将来役立つかを説明しながら，食べることではない。その料理にはその家庭ならではの味や文化があるように，園ではその園ならではの味つけが求められるのである。

　また，園では小学校以上のように，時間割で活動が区切られているわけではない。生活と遊びが行われる。たとえば，オムツをかえながら，保育者が「きもちいいねえ」と子どもにまなざしをむけて声をかけ，そこで子どもがほほえみ返すようなやりとりは，コミュニケーションの基礎にもなっている。この意味で養護と教育もまた切り離すことができない。これは乳児期においても，幼児期においても，同様である。つまり，養護と教育が一体的に展開するなかで，様々な経験が保障されていく。これが，小学校以上の教育とは異なる，保育の基本であるといえるだろう。

❷ 領域「言葉」　7

② 領域「言葉」の内容と取り扱い

(1) 領域「言葉」の内容

　人は言葉のやりとりを通して他者と理解し合うことで絆を深め，様々な文化を学んでいく。そして，言葉を使うことで思考を深めていくことができる。乳幼児期は言葉の獲得において最も重要な意味をもつ，敏感期である。1日およそ13語程度習得することもあるといわれる語彙爆発により，しだいに誰とでも話が通じるようになり，そして様々な話し言葉表現と同時に，持ちものに書かれた名前や絵本，お手紙，カルタや掲示など，書き言葉の活動にもふれ，文字の存在やはたらきにも自然に気づいていく時期でもある。人は多くの文化的につくられた内容や知識を，言葉を通して学ぶ。言葉は，学校教育での学びの基礎でもある。

　そこで，幼稚園教育要領および保育所保育指針でも，5領域の一つに言葉の獲得に関する領域として，領域「言葉」を設定している。領域「言葉」は，1956（昭和31）年，1964（昭和39）年の幼稚園教育要領においては，領域「言語」とされていた内容であった。しかし1989（平成元）年に，6領域から5領域に全体が変更改訂になった折に，領域名も「言語」から「言葉」へと変更になっている。この名称の変更以前は，おとなが使用している言語体系を子どもたちに正しく伝えて指導していくという視点から内容が構成されていた。これに対して，1989（平成元）年の改訂において，乳幼児は能動的に自分で言葉を獲得し使おうとしているという，子どもが言葉を獲得していく実際の過程に目をむけ，その過程を明らかにしていくことが大事にされた。そこでこの時期の育ちを保障し，保育所や幼稚園修了時点では小学校へとつながる姿を期待して内容が改訂された。そして2008（平成20）年度に改訂された要領・指針では，発達の連続性や家庭と園との連続性が意識されるなかで自分なりの言葉で表現することや聴こうとする意欲や態度を育てることが述べられた。

　そして，2017（平成29）年に改訂された指針・要領等では，==育みたい資質・能力==として，以下の3つの点があげられた。

8　第1部　序　章 ✳ 乳幼児の豊かな言葉が育つための領域

（ア）豊かな体験を通じて，感じたり，気付いたり，分かったり，できるようになったりする「知識及び技能の基礎」

（イ）気付いたことや，できるようになったことなどを使い，考えたり，試したり，工夫したり，表現したりする「思考力，判断力，表現力等の基礎」

（ウ）心情，意欲，態度が育つ中で，よりよい生活を営もうとする「学びに向かう力，人間性等」

　そして，ねらい及び内容に基づく保育活動全体を通して資質・能力が育まれている子どもの小学校就学時の具体的な姿として「幼児期の終わりまでに育ってほしい姿」が述べられ，領域「言葉」に特に関わる内容としては以下の内容があげられている。

ケ　言葉による伝え合い
　保育士等や友達と心を通わせる中で，絵本や物語などに親しみながら，豊かな言葉や表現を身に付け，経験したことや考えたことなどを言葉で伝えたり，相手の話を注意して聞いたりし，言葉による伝え合いを楽しむようになる。

　また，保育所保育指針および幼保連携型認定こども園教育・保育要領においては，領域の内容が乳児保育，1歳以上3歳未満児の保育，3歳以上児の保育にわけて述べられている。3歳以上児の内容に関しては，教育要領，保育指針，教育・保育要領ともに同一のものとされ，前回の内容とかわっていない。領域「言葉」に関する部分はそれぞれ以下のとおりである。

　乳児保育に関するねらい及び内容として「ア　健やかに伸び伸びと育つ」「イ　身近な人と気持ちが通じ合う」「ウ　身近なものと関わり感性が育つ」があげられている。特に言葉に関わる内容としては「イ　身近な人と気持ちが通じ合う：受容的・応答的な関わりの下で，何かを伝えようとする意欲や身近な大人との信頼関係を育て，人と関わる力の基盤を培う」ため，以下の内容があげられている。

❷ 領域「言葉」　9

乳児期

> ねらい
> ① 安心できる関係の下で，身近な人と共に過ごす喜びを感じる。
> ② 体の動きや表情，発声等により，保育士等と気持ちを通わせようとする。
> ③ 身近な人と親しみ，関わりを深め，愛情や信頼感が芽生える。
> 内容
> ① 子どもからの働きかけを踏まえた，応答的な触れ合いや言葉がけによって，欲求が満たされ，安定感をもって過ごす。
> ② 体の動きや表情，発声，喃語等を優しく受け止めてもらい，保育士等とのやり取りを楽しむ。
> ③ 生活や遊びの中で，自分の身近な人の存在に気付き，親しみの気持ちを表す。
> ④ 保育士等による語りかけや歌いかけ，発声や喃語等への応答を通じて，言葉の理解や発語の意欲が育つ。
> ⑤ 温かく，受容的な関わりを通じて，自分を肯定する気持ちが芽生える。

ここでは，子どもではなく，保育者の行為として，どのようなことが内容の始まりとして大切かが書かれている。そして，1歳以上3歳未満児においては，子どもの行為として以下のように書かれている。

> エ 言葉
> 　経験したことや考えたことなどを自分なりの言葉で表現し，相手の話す言葉を聞こうとする意欲や態度を育て，言葉に対する感覚や言葉で表現する力を養う。
> （ア）ねらい
> ① 言葉遊びや言葉で表現する楽しさを感じる。
> ② 人の言葉や話などを聞き，自分でも思ったことを伝えようとする。
> ③ 絵本や物語等に親しむとともに，言葉のやり取りを通じて身近な人と気持ちを通わせる。
> （イ）内容
> ① 保育士等の応答的な関わりや話しかけにより，自ら言葉を使おうとする。

② 生活に必要な簡単な言葉に気付き，聞き分ける。
③ 親しみをもって日常の挨拶に応じる。
④ 絵本や紙芝居を楽しみ，簡単な言葉を繰り返したり，模倣をしたりして遊ぶ。
⑤ 保育士等とごっこ遊びをする中で，言葉のやり取りを楽しむ。
⑥ 保育士等を仲立ちとして，生活や遊びの中で友達との言葉のやり取りを楽しむ。
⑦ 保育士等や友達の言葉や話に興味や関心をもって，聞いたり，話したりする。

そして，次に3歳以上児の部分では前回の内容と同じねらいとして以下の3つをあげている。

エ　言葉
　経験したことや考えたことなどを自分なりの言葉で表現し，相手の話す言葉を聞こうとする意欲や態度を育て，言葉に対する感覚や言葉で表現する力を養う。
（ア）ねらい
　① 自分の気持ちを言葉で表現する楽しさを味わう。
　② 人の言葉や話などをよく聞き，自分の経験したことや考えたことを話し，伝え合う喜びを味わう。
　③ 日常生活に必要な言葉が分かるようになるとともに，絵本や物語などに親しみ，言葉に対する感覚を豊かにし，保育士等や友達と心を通わせる。
（イ）内容
　① 保育士等や友達の言葉や話に興味や関心をもち，親しみをもって聞いたり，話したりする。
　② したり，見たり，聞いたり，感じたり，考えたりなどしたことを自分なりに言葉で表現する。
　③ したいこと，してほしいことを言葉で表現したり，分からないことを尋ねたりする。
　④ 人の話を注意して聞き，相手に分かるように話す。

❷ 領域「言葉」　11

⑤　生活の中で必要な言葉が分かり，使う。

⑥　親しみをもって日常の挨拶をする。

⑦　生活の中で言葉の楽しさや美しさに気付く。

⑧　いろいろな体験を通じてイメージや言葉を豊かにする。

⑨　絵本や物語などに親しみ，興味をもって聞き，想像をする楽しさを味わう。

⑩　日常生活の中で，文字などで伝える楽しさを味わう。

✖ (2)　言葉の内容を取り扱うために

　まず，第1に，乳児，1歳以上3歳未満，3歳以上と流れをおってみていくことで，気持ちを通わせ合うこと，そして伝えようとする思いに応答し合うことが，領域「言葉」の内容の育ちを支えることがわかるであろう。領域「言葉」の3つのねらいをみると，「自分の気持ち」「自分の経験したことや考えたこと」「日常生活に必要な言葉が分かる」というように，子ども自身が伝えたいと思う心情を大切にし，生活のなかで伝え合う言葉を大事にしていくことの必要性がよくわかるであろう。身近な人との親密な関係のなかで自分の言葉を受けとめてもらうことを重視し，「楽しさ」「喜び」また「心通わせる」という伝えたい，表したいという心情・意欲・態度の育成こそが，幼児期に重要なこととしてとらえられていることがわかるであろう。「先生，みてて」と先生と心かよわせたい気持ちや，「やろうねえ」「よかったねえ」と子どもたちは先生や親しい仲間に語りかけ，一体感をもちながらともに活動する。つまり，語り合ったり伝え合う楽しさを共有していくのである。そのときに言葉だけではなく，心身全体で受けとめてもらうことによって，子どもは安心してさらに言葉をつむぎだしていく。

　そして第2に，1歳以上3歳未満の7項目，3歳以上の10項目の内容のうち8項目が話し言葉に関わる内容である。日々の園生活のなかで，子どもたちが言葉を学び，また言葉は生活のなかで育っていくことを示している。生活のなかの言葉，言葉の生活化である。親しい他者とのなかで相手のいうことを聞き，伝え合う関係が生まれていく。相手の話を興味をもって聞けることであり，聞

きたいという関係や内容によって，子どもの言葉は育っていく。また，生活の
なかで必要な言葉，挨拶もやりとりのなかで学ばれていく。正しい言葉使いを
指導されるというよりも，使用することの心地よさや必要感のなかで，子ども
たちがその場にふさわしい言葉を獲得していくことが期待されているのであ
る。

　そこで，保育者は自身が豊かな言葉の使い手であると同時に，言葉と子ども
をつなぎ，また子どもと子どもの言葉をときに代弁したりしながら，より豊か
なものにしていくことが求められている。たとえば，以下のエピソードを見て
みよう。

> **事例1**　**園での食事場面（3歳児9月）**
> 　食事中，A児とB児がふざけ始めた。一度先生に注意されたが，先生が
> 用事で離れると，またふざけ始める。先生がもどってきて2人の様子をみ
> て皿を取り上げ「もう，ごはん，おしまいでいいね」と強い口調でいった。
> A児はびっくりした顔で先生をみあげ，B児はまるで他人事のようにA児
> の顔をみている。「だって，おともだちがやってた」とA児がいうと，B児
> が「おともだちじゃないよ，BはBだよ」という。先生は，思わず笑って
> しまう。B児の反応にA児がきょとんとしていると，先生が「Bっていう，
> Aのおともだちなんだよね」と説明する。（淀川裕美，2008 記録[1]より）

　「おともだち」という言葉と「A」という名前の示すものが同義であること
がわからないB児と，A児のコミュニケーションのずれに対して，保育者が
さりげなく解説をしてあげている場面である。同年齢の複数園児がいる集団で
ある保育場面での言葉は，家庭内での親子での言葉とは違う言葉が使われるこ
ともある。その言葉の違いを学ぶことによって，子どもたちは生活の言葉の幅
を広げていく。しかし，ときにはそのために相互にずれがあったり，もどかし
い思いを子どもが経験することも出てくる。そこで，保育者が代弁をしつつ，
つなぐ役割を果たしていくことも，子どもの発達に応じて必要となるといえる
だろう。

　そして第3に，絵本や物語，文字など書き言葉に関しても，まずはその世界

❷ 領域「言葉」　13

をともに楽しむことが重視され，想像する楽しみや伝えてみることが大事にされている。書き言葉に関わる文化的活動に，仲間とともに参加することが大切にされているのである。内容のおもしろさが聞くことの楽しみを生み出し，想像する力を高めていく。と同時にこのような環境が子どものためにいつも準備されていることが，子どものさらなる意欲を高め，自分から活動を始めることにもつながる。

　また第4に，上記のように，子どもにとっては他者とコミュニケーションするための言葉の獲得が重要である。しかし，コミュニケーションのはたらきとあわせて，言葉には自分の考えを言葉にすることで考えが深まったり，考えを伝え合うことでより深く考えていくというはたらきもある。思考を促し培うという言葉のはたらきである。幼児期においても，思考力の芽生えを培うことを大切にする観点から，内容②「したり，見たり，聞いたり，感じたり，考えたりなどしたことを自分なりに言葉で表現する」と，2008（平成20）年度の改訂以来，今回（2017年）においてもかわらずこの言葉がもちいられている。

　そして第5には，言葉が使えるというだけではなく，言葉の美しさや楽しさに気づくという面も重要である。子どもは擬音語や擬態語を喜んで使用したり，様々な言葉をまねて使ってみたりする。次のエピソードを見てみよう。

事例2　降園前かたづけ場面（3歳児）

　C児とD児がウレタン積み木の箱をもっている。他のかたづけが終わったE，F，G児ら数人も手伝いにいく。何かもめだし，保育者のところにくる。
E　T先生，みんなのなのに，C児がD児と2人でかたづけるっていうの。
T　そうなの。
C　だって軽いじゃん！　少ないじゃん！
F　みんなのだからかたづけるんだよ！
E　みんなの，なんだよ。じゃあ，2人で遊ぶの！
G　なんで，みんなのなのに，だめっていうの。
C　だって，もてるじゃん！
　しばらく，同じような主張のしあい。C児はD児と2人でかたづけることを主張し，E，F，G児はみんなのだから，自分たちにもかたづける権利

14　第1部　序　章 ★ 乳幼児の豊かな言葉が育つための領域

があることを主張している。保育者はお互いの主張を聞くようにすること
で，落ち着かせようと考え，入ろうかと思い始めていた。

D　まあ，いいからかたづけようよ。

E　みんなで使うんだから，みんなでかたづけるんだよ。

D　まあ，いいからかたづけようよ（この言葉のおもしろさで雰囲気の変化
　　を感じ取ったF児）。

F　（D児の口調をまねて）まあ，いいからかたづけようよ。

G　まあ，いいからかたづけよう。

E　まあ，いいからかたづけよう。

C　まあ，いいからかたづけようか。

　結局，笑い合い，5人でもってかたづけにいく。（あんず幼稚園　2008実
践記録2) より）

　かたづけという生活場面を認識し，責任を意識し始めているからこそのトラ
ブルである。しかし，D児の言葉のニュアンスに子どもたちが引かれ，その言
葉をいいながら，結局みんながまとまっていく姿が描き出されている。言葉の
楽しさは子ども同士のなかで感じとって響き合っていく。と同時に，このよう
な記録が担任保育者によってとられていること，すなわち子どもたちの声に保
育者が耳を傾け，そしていつ関わろうかと考えながら待ち，子どもたちの語り
をほほえましくとらえていることが，この記録からはよくわかる。

　このような，子どもたちの声を聴ける保育者のクラスで，言葉は豊かに育っ
ていくといえるだろう。子どもたちは，いわゆる言葉だけではなく言い方や，
まなざしや表情，姿勢などの身体表現，ときには沈黙などの間のなかで，言葉
にならない言葉も伝えていく。言葉は子どもの自己の発達と密接につながって
いる。心身の安定したくらしの場のなかで，興味深い出来事やもの，仲間と出
会っていくことで，言葉は育っていく。環境を通しての保育・教育，言葉は豊
かな言語環境のなかで育っていく。その豊かさとは情報量の多さではない。関
係の網の目の豊かさであり，経験の豊かさに裏づけられた環境である。その環
境をどのように構成していくのかが，領域「言葉」においても問われているの
である。

❷ 領域「言葉」　15

【注】
1）淀川裕美　「2歳児における他者との相互交渉の変容プロセス」　東京大学教育学部提出卒業論文より，2008
2）加藤美夏　「片付けのトラブル」　あんず幼稚園第34回「保育者と子どもの未来を語る会」提案資料より，2008

【参考文献】
岡本夏木　『子どもとことば』　岩波書店，1982
厚生労働省　「保育所保育指針」　2017
文部科学省　「幼稚園教育要領」　2017

演習問題

問1. 幼稚園教育要領解説，保育所保育指針解説，幼保連携型認定こども園教育・保育要領解説のいずれかにおいて領域「言葉」を読み，要領や指針の文言の各々の言葉に対応する部分が，解説ではどのように説明されているかを確認してみよう。

問2.「乳幼児期にふさわしい生活」とは，どのような点に留意した生活だと思うか，具体的にイメージできるように，自分の言葉で説明してみよう。

問3. 保育場面で保育者が具体的に子どもの行動に対応して，どのように言葉をかけているかを実際に保育を見たり，ビデオを見たりするなかで，5分間だけでよいので，文字どおりに書き起こして考えてみよう。

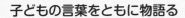

子どもの言葉をともに物語る

　保育のなかで，子どもの言葉を受けとめ，育てていくのは，保育者の大切な仕事である。と同時に，保育のなかでの子どもの言葉の豊かさや言葉の育ちゆく姿を，保護者や小学校を初め，保育を専門とはしない地域の他の人びとにも伝えること，また家庭や地域から園へ情報をよせてもらうことは，家庭との生活の連続性，発達の連続性を考えていくときに，とても重要である。子どもの言葉をともに育て楽しみ合う輪を広げることになる。

　保育の写真や映像からは，子どものそのときにしかない表情をとらえることはできる。しかし，子どもの声を届けることはできない。ある場面で子どもが発した一言を心にとめ，それを迎えにきた保護者に伝えること，降園後に，ちょっとメモをしておいて後日学級通信にのせたり，懇談会で伝えたりすることもできる。また，写真とともに掲示してみるのもよいだろう。また，ノートでのやりとりも可能である。保育者と保護者や地域の人とがともに，子どもを物語る言葉を豊かにしていくことは，広い目で見て子どもの言葉を聴く耳を育て，子どもの言葉を育てていくことにつながる。

砂場での4歳児11月の会話
A 「おとしあなにしたら」
B 「おとしあな？」
A 「ふかーい，ふかーいしたらね，いっぱいほるとね，地球の反対側にいけちゃうんだよ」
B 「いきたいね，おれ宇宙にすみたい」
A 「いけないよ」
B 「いいんだよ，いけなくても」
（亀ヶ谷学園　宮前幼稚園記録）

　保育者相互，保育者と保護者，保育者と教師で子どもの言葉のおもしろさ，豊かさを物語り合い，伝え合う場や方法を考えてみてはどうだろうか。
（日本児童教育振興財団「砂・土・水で遊ぶ子どもたち」DVDより）

第1部
乳幼児期の子どもの言葉

第1章

乳児期の言葉の発達過程

① 誕生から3歳ころまでの言葉の発達

　人が生涯にわたって心身ともに健康かつ幸せに生きていくうえで，人生のはじまりである乳幼児期の経験と育ちはきわめて重要である。このことは，数十年間の国内外の様々な分野の研究で明らかにされてきた。近年，低年齢から長時間の保育を受ける子どもが増えているなか，乳児期からの保育への関心がますます高まっている。大切な時期にともに過ごす保育者として，子どもたちにどのような経験や育ちを保障すればよいのだろうか。本章では，特に人生最初の3年間に焦点をあて，言葉の育ちと保育者の関わりについて考えていきたい。

1 ヒトのコミュニケーションの特徴

　私たちは日々，言葉や身振り，表情などを使って，他者と様々なやりとりをしている。相手に要求したり，経験や思いを伝えたり，意見をぶつけたりして

いる。実は，このコミュニケーションの仕方はヒト特有のものだという[1]。ヒト以外の動物は，仲間に対して命令を発するというコミュニケーションを取るが，命令だけでなく叙述（物事について順を追って述べること）も行うのは，ヒトだけである。ヒトのコミュニケーションは，脳と言語の共進化により洗練され，また，口承や文字によって文化が伝達されてきた。コミュニケーションの仕方や言葉の機能は，私たち人間に特有のものなのである。

　ただし，ヒトは生まれながらにしてそうしたコミュニケーションが取れるわけではない。生得的に子どもが備えている能力と，日々の環境，なかでも子どもと日々接しているおとなの関わりが重要な役割を果たす。以下，子どもが生まれてから，どのように言葉が発達していくかをみていこう。

② 非言語から言語へ

(1) 前言語的コミュニケーションの発達

① 産声から初語の発声までの音声発達

　赤ちゃんは生まれるとすぐ，産声をあげる。人が初めて音声を発する瞬間である。その後，心身の様々な発達を経て，生後1年ころに初めての言葉を発する。生理学的な発達に支えられ，身近なおとなをはじめとする他者との関わりを様々に経験するなかで，初語の発声までのめざましい発達が遂げられていく。生理学的な発達としては，音声の生成を司る呼吸器系（肺・胸・壁・横隔膜），発声器官系（咽頭），調音器官系（舌・唇・顎・軟口蓋）の3つの系の器官の発達がある。それにともない，発声の仕方が以下のように発達していく。

　最初の1か月の乳児の発声は，ほとんどが呼吸にともない発せられる反射的な発声や，不快さによる泣きや叫びである。生後2〜3か月ころになると，喉の奥をクーと鳴らす「クーイング」や喉からゴロゴロと発声されるような「ガーグリング」をする姿がみられるようになる。これらは，乳児が機嫌よくリラックスしているときに発するもので，発声器官の運動や感覚からもたらされる快感情によると考えられている。また，笑いにともなった発声も現れるようになる。

　生後3か月を過ぎると，「アー」「ウー」「エー」といった乳児の自発的な発

❶ 誕生から3歳ころまでの言葉の発達　21

声である「喃語」が現れる。生後12か月ころに初語を発するまでに，喃語の発し方に徐々に変化が現れる。はじめは子音と母音の同一の組み合わせによる反復的な喃語で，独語的で一人で発声遊びをしている場面でしばしば観察される。

　生後6か月を過ぎるころから，「バ，バ，バ，バ」「アウ，アウ，アウ」など，子音と母音を組み合わせた単純な音節である「規準喃語」を発するようになる。喃語の発声は，言語獲得前の言語を構成する音発声の自己訓練とみなされていて，実際，喃語の発声を制御する大脳の左半球の活動と，のちの単語の発声を制御する大脳の左半球の部位とは，ほぼ同じ部位の活動であることがわかっている。生後6か月から8か月ころが規準喃語の出現のピーク期で，足を蹴りだす，手を上下に振るといったリズミカルな運動のピーク期とほぼ同時期であることも興味深い。これは発声器官と手の運動を制御する大脳運動野が隣接していることに関係しているからだと考えられている。このように，規準喃語の出現は身体の機能の発達やその後の言語発達とも関連する重要な発達である。また，このころに人に向かって発する社会的喃語と，発声遊びとして発する独語的喃語の違いも現れるようになる。

　生後8か月から10か月ころには，異なる音節を組み合わせ，多様な抑揚や音の強弱で発声するようになる。まるでおしゃべりをしているように聞こえるこの発声を「ジャーゴン」とよぶ。日本語が母語の乳児がジャーゴンを発していると，あたかも日本語を話しているかのように聞こえる。それまではあらゆる音声を発していたのが，このころには，母語にない音声は発しないようになり，徐々に母語らしい発声をするようになる。言語の弁別（聞き分け）も同様で，初めはどんな言語も弁別可能であったのが，徐々に母語のみを聞き分けられるようになっていく。そうして，個人差はあるものの，1歳を過ぎるころに，はじめての有意味語である「初語」が現れる。

②　共同注意と社会的参照

　乳児の音声発達とともに，前言語的コミュニケーションの発達においてきわめて重要な役割をもつのが，視線や目の動き，表情などを用いた身近なおとなとのやりとりである。生後9か月から12か月ころにかけて，乳児と他者との

関係に劇的な変化が起こる。乳児が他者の知識や欲求，意図が自分のものとは異なるということを理解するようになるのである。なかでも，以下にあげる「共同注意」と「社会的参照」は，他者の意図理解の発達において重要な役割をもつ。

　乳児は，生後6か月を過ぎるころから，他者の視線が変わると自分の視線も変えることが知られている。この他者の視線を追視して同じ対象を見る行為を「共同注意」とよぶ。たとえば，庭で赤ちゃんを抱っこしているお母さんが，木になっているミカンの実を見る。それを見た赤ちゃんも，ミカンの実に目を向ける。子ども，他者，ものの三者関係のはじまりである。共同注意には，自分と他者が同じものに注意を向けるということだけでなく，そのことを両者が了解し合うことまでが含まれる[2]。

　さらに，1歳前後になると，子どもが見知らぬ人やもの，出来事に遭遇したときに，身近なおとなの表情を見て自分の振る舞いを決める姿がみられるようになる。「社会的参照」とよばれる行為である。初めて会った人に対して，どう対応すればよいかを決めるのに，近くにいる親の顔を見る。親が笑顔で見返せば，子どもは安心して楽しそうに過ごすし，親が困った表情やよそよそしい表情を見せると，子どもは笑顔でいるのをやめ，落ち着かない様子になったりする。社会的参照に関する実験では，乳児の心拍数を計測し，母親が見知らぬ人に対してよそよそしい表情になったのを見ると乳児の心拍数が増加し，母親が笑顔に戻ると乳児の心拍数がもとに戻るといったことも明らかにされている。この時期の乳児にとって，愛着関係が形成された信頼するおとなの表情は，自分の振る舞いを決めるのに重要な影響をもつことがわかる。

　このように，生後9か月から1歳になるころにかけて，乳児の他者理解に大きな変化が起き，おとなとの様々な前言語的コミュニケーションを行うようになる。それを支えるのが，共同注意や社会的参照といった行為であり，そこに指さしなどの身振りによるコミュニケーションが合わさっていく。

③　指さし行動の発達

　共同注意や社会的参照と同時期に，「指さし」行動が観察されるようになる。指さしは，コミュニケーションを支える身振りのなかでも，特に重要な機能を

もつ。実際，子育てや保育の場で自然と行われている様子をしばしば目にする。

　初め，乳児はおとなの指さし行動に接する。おとなが何かを指さすと，生後5〜6か月ころの乳児は，指さし行動の身振りそのもの（顔，手，指，指の先端）に注目する。指さし行動が対象指示機能をもつことにまだ気づいていない時期である。しかし，おとなの指さし行動をたびたび見ていくなかで，乳児自身の手指の運動機能発達にともない，自分から人さし指を伸ばして対象にふれるような行動をするようになる。この動作模倣としての指さし行動は，自分とものとの二項関係にあり，注意をひかれた対象を自分自身に示しているといえる。

　さらに，生後7か月から8か月ころになると，おとなの指さした先に目を向けるようになる。自分，他者，ものの三項関係における指さし行動，すなわち他者とのコミュニケーションにおける指さし行動の出現である。初めは，おとなに抱かれているなど，他者と一体となって注意や場面を共有しているときに指さしの先を見ることが多く，生後10か月ころになると，おとなと離れていても，おとなの指さした先を見るようになる。この時期に，子ども自身の指さし行動も変化する。初めは指さしの対象に直接ふれるかたちでの指さしから，手に届く範囲内での対象への指さし，そして遠くの対象への指さしへと範囲が広がっていく。

　さらに1歳前後になると，子どもはおとなの注意を方向づけるために指さしを用いるようになる。つまり，ある対象を指さし，おとながそれを見ているかどうかを確かめるのである。他者の注意を方向づけるための指さしには，常に発声がともなう。指さしが他者への伝達という機能をもつのである。言葉をうまく話せない時期の子どもにとって，指さしと発声の組み合わせにおとなが気づき，応答することは，話題を共有し，コミュニケーションをとるための強力な手段となる。離れたところにあるおもちゃを指さして「あれ取って」と要求することもあれば，庭に見える花を指さして「きれいだね」と叙述することもある。絵本のなかの犬を指さして「これはワンワン」と指示・命名することもあれば，初めて見るものを指さして「あれは何？」と質問することもある。指さしは文脈によって様々な意味をもちうるため，おとながいかに敏感に気づき，子どもの表情や声音からその思いをくみ取り，言語化し，意思疎通をはか

るかが大切になる。おとなに自分の思いを受容され，気持ちが通じたと感じる
経験は，子どもの伝えたいという思いをさらに引き出し，おとなとの豊かなコ
ミュニケーションへとつながっていく。

(2) 言語的コミュニケーションの発達

① 初期の言葉の発達

　子どもが1歳を過ぎるころに，「初語」が出現する。早い子は生後10か月こ
ろ，遅くても1歳半ころには大半の子どもが初語を発するといわれている。初
語のみられる時期には個人差があるが，初語の種類としては，身近な人やペッ
ト，好きなおもちゃ，食べもの，身体の部位などを示す普通名詞であることが
多い。子どもにとってなじみがあり，強い関心をもっているもののようである。
次に多いのが，「バイバイ」「ナイナイ」などの日常生活の文脈でよく使ってい
る用語である。初語に多くみられる語の特徴は，早期に理解される語とよく重
なっている。

　なお，初期の言葉の産出においては，しばしば「過大般用」という現象がみ
られる。つまり，白いフワフワした動物を見ると，すべて「ワンワン」と言う
とか，車だけでなく電車などあらゆる乗りものについて「ブーブー」と言うな
ど，おとなが通常語彙を使用する範囲より広く適用させることである。なぜ過
大般用が生じるかというと，子どもが伝えたいことを表現するための語彙を
もっていないが，伝えたいという思いを抱いている場合などである。白いフワ
フワの毛をまとったヒツジを見て，それをおとなに伝えたいとする。しかし，
その子どもは「ヒツジ」という言葉を知らない。そのときに，すでに知ってい
る「ワンワン」という言葉を使っておとなにメッセージを発するのである。

　このような過大般用が生じたとき，おとなは目くじらを立てて「ワンワン
じゃないよ」と否定する必要はない。自然な会話のなかで，「ワンワンいた？
…あ，ヒツジさんだ。毛がフワフワしているね」など，あたたかな雰囲気のな
かで，新しい語彙をさりげなく取り入れるとよい。子どもが言葉の過大般用を
するたびに間違いを指摘すれば，子どもは話すことが億劫になってしまう。話
したいという子どもの思いを尊重し，話すことが楽しいと思えるような関わり
をすることが大切である。

❶ 誕生から3歳ころまでの言葉の発達　25

② 2語文の出現と語彙爆発

　生後15か月から18か月ころになると，子どもは2つの語をつなげて話すようになる。「2語文」の出現である。「ママ，だっこ」（要求），「シロ，ブーブー（白い車）」「ワンワン，いた」（命名・記述），「パパ，クック（パパの靴）」（所有），「コレ，ナニ？」（疑問）というように，子どもの思いや考えがより明確に表現されるようになり，他者とのコミュニケーションの幅が広がる。

　日本語の場合，1つの発話の平均的な長さ（平均発話長）は，習得している語の数ではなく，文法の複雑さによって生じる。そのため，おおむね2歳ころに助詞などを使えるようになると，3語以上からなる「多語文」が出現するようになる。初めは「シロイノブーブー（白い車）」のように助詞の過大般用もしばしばみられるが，やがて正しい助詞の使い方を習得していく。

　複雑な文法構造の学習とともに，語彙の習得も急速に進んでいく。1歳ころの初語の出現の後，生後18か月から20か月ころになると，いわゆる「語彙爆発」が始まる。語彙爆発とは文字通り，語彙の獲得が急速に起こることである。語彙爆発の開始時期も，その時点での獲得語彙数，1日の平均獲得語彙数にも個人差があるが，1歳ころに初語を獲得してから就学前の6歳ころまでに，およそ3,000語から10,000語もの語を獲得するといわれている。ここで大切なのは，子どもの経験やその文脈に言葉が結びつくことで初めて，生きた言葉として習得されるということである。おとなが強制的に子どもに語彙を覚えさせるのではなく，身近なおとなや仲間と日常生活のなかで言語的なやりとりをし，絵本をおとなとともに読んだり，他者の間で言葉が交わされるのを耳にしたりするなかで，自然と語彙を吸収していく。日々の生活や遊びのなかで言葉にふれる機会がどれだけあるかが，子どもの豊かな語彙形成においては重要である。

(3) コミュニケーションの発達を支えるおとなとのやりとり

　乳児期の前言語的・言語的コミュニケーションの発達過程について，主に音声発達や言語発達という子ども側の発達に注目してみてきた。そのなかで折にふれ，おとなとのやりとりが重要であることを述べてきたが，子どもはおとなとのやりとりのなかで，具体的にどのようなことを習得し，学んでいるのだろうか。そこでおとなはどのような役割を担っているのだろうか。ここでは，言

語発達における社会的文脈に焦点をあて，子どもの発達過程をみていくこととする。

① 文化への参入としてのコミュニケーション

子どもの言語習得について研究したブルーナーは，言語発達における社会的文脈を重視した[3]。ブルーナーによれば，言語の習得，すなわち言語への移行とは，「談話（ディスコース）に入っていくということ」である。言い換えれば，言語習得は単に語彙や文法を習得するだけでなく，談話（単文よりも大きな単位，すなわちひと続きの発話や文章のまとまりによる会話）のなかで語彙や文法を適切に用いることで，自分の意図をいかに表現するかを学習することなのである。そのことはさらに，その言語が用いられている文化の意味を習得し，文化のなかに自分を位置づけていくことにつながっていく。

談話への参入においては，おとなによる「足場かけ」が大きな役割を担う。足場かけとは，何かを行うときの足がかりとなる場をつくることである。特に発達の文脈では，子どもが一人ではできない水準の課題に対して，おとなや仲間が援助することで，課題を達成することができるようになることを意味する。この子ども一人では達成できない水準と，子ども一人で達成できる水準との間を「発達の最近接領域」とよぶ。そこを見極めて，ほどよい援助を行うのが保育者の専門性の一つである。言葉の発達においても，子どもがすでにわかっている言葉ばかりを用いるのではなく，子どもにとってまったく無関係の難解な言葉を用いるのでもなく，日頃の経験のなかで理解できるような言葉に出会っていくことが必要である。日頃の言葉のやりとりで出会うのか，絵本や歌などで出会うのか，環境構成や関わりの様々な工夫が大切である。

② 言語習得・コミュニケーション発達を支えるフォーマット

言語発達の足場かけの一つとして，ブルーナーが提唱した「フォーマット」という概念がある。フォーマットとは，おとなと子どもが互いに言葉を伝え合う際の，パターン化された場面のやりとりである。たとえば，イナイイナイバーのフォーマットでは，ものや人の消失→捜索→再現という決まったパターンのやりとりが行われる。絵本を読む場面では，おとなが絵本のなかをさし子どもの注意を喚起する→子どもに質問する→子どもが名称を知らない場合は教

❶ 誕生から3歳ころまでの言葉の発達　　27

示→子どもの答えが何であれフィードバックといったパターン化されたやりとりがみられる。その経験を繰り返すなかで，子どもは積極的にフォーマットへ参入するようになり，おとなの発する言葉を吸収していく。そして，やがては自らがこのフォーマットを主導し，おとなの応答を引き出すようになる。先に見た指さし行動の発達も，このようなやりとりの積み重ねのなかで生じると考えられている。

　フォーマットを通したコミュニケーション発達という点から考えると，先にあげたイナイイナイバーの遊びも，子どもの発達においてきわめて重要な役割を担う。初めは，おとなが両手で自らの顔を隠し，子どもが驚いた顔をしておとなの顔を見て，おとなが両手をはずして「ばあ！」と言うだけで，子どもはキャッキャ笑って喜ぶ。やがて両手でのイナイイナイバーに慣れてくると，薄い布で隠したり，おとなが壁の後ろに隠れたりして，消失の仕方にバリエーションが出てくる。消失から再現までの時間も，短くしたり長くしたりと，様々に楽しむことができる。イナイイナイバーのフォーマットへの参入を覚えた子どもは，やがて自らがイナイイナイバーをしておとなや他児と遊ぶようになる。きわめてシンプルなフォーマットだが，いろいろな仕方を楽しむことで，子どもは他者とコミュニケーションを取ることの楽しさを体験していくのである。

③　話者交替と役割取得

　他者とコミュニケーションを取るときには，ほかにもいくつかの認知的な発達が必要となる。たとえば，発話が同時に重ならないようにする「話者交替（ターン・テイキング）」の理解が必要である。おとなが通常行っている会話では，複数の人がかわるがわる話し手となり，聞き手となって会話が進んでいく。1人の話し手から次の話し手に切り替わるタイミングはきわめて短く，たいがいの場合は円滑に話者交替がなされている。乳児が話者交替をできるようになるには，先にみたイナイイナイバーなどのフォーマットは大きな手がかりとなる。パターン化されたやりとりを繰り返すなかで，相手の発話の終了と自分の発話の開始に関する予測を立て，円滑に交替をしながらコミュニケーションを取る経験を重ねていく。絵本の指さし場面でのフォーマットも同様である。そこに言葉が添えられ，言語的な話者交替も円滑に行えるようになっていく。

コミュニケーションを円滑に行うためには，ほかにも必要な発達がある。た
とえば，自分と相手が異なる認識や感情をもつことを理解すること，相手の性
質や状況に応じた発話を行うこと，相手が自分の発話を理解しているかどうか
をモニターすることなどである。この役割取得能力[4] がみられるのは，幼児期
以降とまだ先だが，乳児期にもその萌芽となる場面がしばしばみられる。

　乳児期の子ども同士のやりとりでは，言葉の理解のずれ，自他の区別のあい
まいさ，状況的文脈の知識の違いなどによって，互いに発話の意図を理解しな
いまま，なんとなく会話が終わるという場面が見受けられる。そのようなとき
に，保育者が言葉で言い換えたり，情報を補足したり，問いかけをして情報を
引き出したりすることで，子ども同士の理解の溝が埋まって会話が続くという
ことも少なくない。子どもの言葉に耳を傾け，必要に応じて足場かけを行うこ
とで，子どものコミュニケーション能力も発達していくのである。

④　母親語・育児語

　乳児期のおとなの関わりとして，最後におとなの言葉がけの特徴についてみ
ていこう。子どもに対するおとなの話し方に，共通の特徴があることに気づく
だろうか。たいていの場合，おとなは高いピッチ，ゆっくりとしたテンポ，大
げさな抑揚で，短い言葉を繰り返し話しかける。これは，母親の研究から明ら
かになった特徴だが，父親や兄弟，その他の人も，乳児に向かって同じような
話し方をする。これを「母親語（マザリーズ）」あるいは「育児語（ベビートーク）」
とよぶ。

　なぜこのような話し方をするかというと，そもそも乳児の容姿の特徴，すな
わち大きくて丸い顔，大きな目，小さな鼻とあごといった「かわいらしさ」が，
自然と育児語のような話し方を引き出すという。また，育児語のような話し方
は，おとなが発する単語に乳児の注意を惹きつけ，単語の聞き取りや理解を助
けるはたらきをもつ。乳児がおとなの発する言葉を理解していなくても，乳児
と視線を合わせたり同じものを見たりしながら，あたかもコミュニケーション
を取っているかのようなテンポで，おとなが乳児に話しかけるということも重
要な点である。育児語は，乳児とおとなとの情緒的な結びつきをつくるうえで
も，役立つという。

❶ 誕生から 3 歳ころまでの言葉の発達　**29**

ここまでみてきたように、乳児期の言葉の発達・コミュニケーションの発達において、おとなの関わりはきわめて重要である。日々の保育を行うにあたっては、まず、乳児期の音声発達や語彙発達、そしてコミュニケーション発達の大まかな特徴を把握することが必要である。そのうえで、目の前にいる乳児の発達の特徴を考慮しながら、一人一人とのていねいな関わりのなかで、言葉を大切に育んでいけるような関わりを心がけたい。

② 乳児期の言葉の発達と保育における配慮

　ここからは、2018（平成30）年4月に施行された、幼稚園教育要領、保育所保育指針、幼保連携型認定こども園教育・保育要領の内容に沿って、乳児期の言葉の発達とそれを支える保育者の役割について考えていこう。前提として、前節で概観した乳児期の言葉の発達についておさえておいてほしい。

1 要領・指針で大切にされていること

　今回の改訂（改定）の特徴は、子どもの発達上の連続性（つながり）がより重視され、子どもの発達と保育の内容との関連がより見えやすいように構成が工夫された点にある。保育所保育指針では、0歳児の保育については「乳児保育」、1歳児と2歳児の保育については「1歳以上3歳未満児の保育」として独立させ、それぞれに子どもの発達に応じた保育のねらいや内容の記述が充実されるかたちで、より保育の実際を理解しやすいようになっている[5]。

　3歳未満児の保育で何よりも大事なことは、子どもが保育者のていねいで良質な関わりのなかで、豊かに育っていくということである。保育者との温かく深い人間関係のなかで、子どもの基本的信頼感、自己肯定感が育まれていく。そして、愛情豊かで応答的なやりとりのなかで、言葉も豊かに育っていく。特に乳児の場合、前節でみたように、言葉を使いはじめる前の指さしなど身振りを使った前言語的コミュニケーションや、声のトーン、表情といった非言語的コミュニケーションもきわめて重要である。以下、保育所保育指針の具体的な内容を確認しながら、これらの点についてみていこう。

② 乳児保育における言葉の育ちへの配慮

　0歳児の保育（「乳児保育」）では，子どもの発達の諸側面が未分化であることをおさえる必要がある。つまり，自他の区別があいまいであり，聴覚や発声，認知などの様々な発達とからみあって言葉が発達していく時期である。そのため，0歳児の保育については，5領域（「健康」「人間関係」「環境」「言葉」「表現」）ではなく，それらの前段階として大切となる「身近な人と気持ちが通じ合う」「身近なものと関わり感性が育つ」「健やかに伸び伸びと育つ」という3つの視点から，これらの視点が相互に大きく重なり合うものとして保育をとらえている。3つの視点のなかでは，特に「身近な人と気持ちが通じ合う」という視点に，5領域のうち「人間関係」と「言葉」の内容が反映されている。

　指針を見てみると，「身近な人と気持ちが通じ合う」とは，「受容的・応答的な関わりの下で，何かを伝えようとする意欲や身近な大人との信頼関係を育て，人と関わる力の基盤を培う」ことと書かれている。具体的な事例を見てみよう。

> **事例1**　**子どもの思いに共感し代弁する**
>
> 　夏のよく晴れた日のことである。園庭の乳児用の砂場に水がまかれ，0歳児クラスの子どもたちが泥んこの中に入って遊んでいる。
>
> 　A児（9か月）は，保育者に抱かれて砂場の近くにやってきた。A児は砂場を指さして「アーアー」と言う①。保育者が「お砂場で遊ぶ？」と言うと，A児はまた砂場を指さして「アーアー」と言う。保育者はA児を砂場に座らせ，「よーいしょ」と言って，自らもすぐ近くの砂場の縁の部分に座った。
>
> 　A児は指先で泥にふれ，冷たい感触に驚いた表情をした。隣で見ていた保育者は，「冷たい？」と言って自分も泥をさわり②，「わ，冷たいねー」と言う。A児は保育者を見て，うれしそうに笑い，泥に何度も手のひらを付けては「ダッダッダッ」と言う。保育者はA児を見てほほえみ，「冷たいねー，気持ちいいねー」と言って，自分も泥に手のひらを付けたり話したりするのを繰り返す。

❷ 乳児期の言葉の発達と保育における配慮　31

これは，筆者が観察に入っていた園の日常の保育のなかでみられた，ほんの一瞬の何気ない場面である。しかし，この事例をよく読み解いてみると，A児の育ちを支えるいくつかの配慮がなされていることに気づく。たとえば，保育者に抱かれたA児が砂場を指さして「アーアー」と言った場面である。A児は指さしと発声を組み合わせることで，砂場について保育者の注意を向けさせた（下線部①）。保育者がA児の思いを推測し，「お砂場で遊ぶ？」と尋ねると，A児はあたかも「うん，遊ぶ」と言っているかのように「アーアー」と砂場を指さしている。A児が言葉をまだ話せない時期でも，保育者は適切に推測し，A児の思いを受容し代弁している。

　さらに，A児が泥をさわると，ほんの一瞬，驚いたような表情をした。保育者はそれを見逃さずに，すかさず「冷たい？」と聞いている（下線部②）。A児は自分の気持ちに保育者が気づき言葉をかけてくれたことがうれしかったのか，保育者を見て笑い，泥をさわり続ける。この「冷たい？」という短い言葉がけには，様々な機能が含まれている。1つは，A児の内面を敏感にとらえ，応答するという関わりである。また，A児は保育者からそのように言葉をかけられ，ともに泥をさわって遊び続けることで，保育者との情緒的結びつきが生じている。さらには，泥をさわったときのヒヤッとした感覚に対して「冷たい」という言葉をラベリングされたことで，経験に基づく生きた言葉に出会う機会にもなっている。ほんの一瞬の出来事と，そこでの保育者の言葉がけだが，A児の発達という観点からとらえると実に豊かな育ちの可能性を内包していることがわかる。「身近な人と気持ちが通じ合う」とは，このように繊細な，温かな，そして心地よい感覚に支えられたやりとりのなかで生じることなのだろう。

③　1歳以上3歳未満児の保育における言葉の育ちへの配慮

　次に，1歳児および2歳児の保育についてみていこう。「1歳以上3歳未満児の保育」では，3歳以上児の保育と同様に，5領域の枠組みで保育のねらいと内容について考えていく。ただし，この時期には保育者との身体的関わりや基本的生活習慣の形成といった養護の側面も大きく，3歳以上児の5領域の考え方がそのまま適用されるわけではない。むしろ，乳児保育から3歳以上児の保

育への緩やかな連続性のなかで考える必要がある。

　1歳以上3歳未満児の保育における領域「言葉」では、「経験したことや考えたことなどを自分なりの言葉で表現し、相手の話す言葉を聞こうとする意欲や態度を育て、言葉に対する感覚や言葉で表現する力を養う⁶⁾」とある。具体的には、①言葉で表現する楽しさを感じること、②人の言葉を聞くことと自分でも思ったことを伝えようとすること、③言葉のやりとりを通じて身近な人と気持ちを通わせることなどがねらいとしてあげられている。事例を見てみよう。

> **■事例2■　子どもの言葉を推測し補い、ともに会話を楽しむ**
>
> 　B児とC児がテーブルを挟んで、食事をしている。男性担任保育者が2人の食事の援助をしている。C児が「せんせいは？」と聞き、保育者が「先生は？　…先生のごはん？」と聞き返す①。C児がうなずくと、保育者は「ないねー」と眉を寄せて言い、「先生はごはんね、みんながねんねしてるときに、食べるの。みんながおやすみーって（両手を合わせて右頬につける）寝てるときに」②と、C児の顔を見て言う。2人のやりとりを、B児は食べながら、じっと見ている。C児は大きくうなずき、もう1人の女性保育者が後でほかの子どもたちに絵本を読んでいる辺りを左手で指さし、「あったった」と言う③。保育者が「何なに？」と聞き返すと、C児は他児を右手で指さし、「これ」と言う。保育者が「どれどれ？」と聞きながら指さしている方向を見て、「あ、M先生？」とC児に聞く。C児がうなずくと、保育者は「M先生も、みんながねんね（両手を合わせて右頬につけながら）してから食べるの（右手で食べものを口に運ぶそぶり）」と言う。C児は2回うなずき、視線を自分のお皿に移す。
>
> 　保育者は、保育室の外の給食室を指さし、「冷蔵庫に入れてあるの。向こうの冷蔵庫に」と言って、C児を見る④。C児は口元に運んでいたスプーンの動きを一瞬止めてから、スプーンを口の中に入れて、保育者を見る。保育者が「冷たい冷たいしてあるの、ね」⑤と言いながら、C児のTシャツについたごはん粒を取って、手拭きにつける。C児は、再びM先生のほうをじっと見る。

　これは、筆者が食事場面を観察しているときに、保育者の言葉がけや表情が素敵だなと感じた場面の一つである。この事例に出てくる担任保育者は、食事

❷　乳児期の言葉の発達と保育における配慮　　33

中に重視していることとして，楽しい雰囲気で食事することを第一にあげていた。また，完食することには必ずしもこだわらないとも述べていた。

　この場面で，C児が一緒に食事をしていない担任保育者を不思議に思い，「せんせいは？」と尋ねたところから，言葉のやりとりが始まる。食事中に脈絡なく「せんせいは？」と聞かれた保育者は，一瞬戸惑った様子だったが，すぐにC児の言おうとしていることを推測し，「先生のごはん？」と言葉を補って聞き返す（下線部①）。そして，C児の不思議な気持ちを代弁するかのように，眉を寄せて「ないねー」と言い，「先生はごはんね，みんながねんねしてるときに，食べるの。みんながおやすみーって寝てるときに」と言う。一つ一つの言葉をゆっくりと話し，「おやすみーって」と言うときには両手を合わせて右頬につけ（下線部②），C児が理解しやすいように説明している。C児は納得したかのように大きくうなずき，もう1人の担任保育者を指さして，「あったった」と言う（下線部③）。もう1人の保育者はどうなのかという意味だと推測した担任保育者は，やはり身振りを添えながら，ゆっくりと聞きやすい話し方で説明をする。

　さらに，給食室のほうを指さして「冷蔵庫に入れてあるの。向こうの冷蔵庫に」（下線部④），「冷たい冷たいしてあるの，ね」（下線部⑤）と，状況をていねいに伝えている。C児がすべてを理解しているとは限らないが，こうしてC児が関心を示した事柄について，その状況のなかで，なるべくわかりやすいように，言葉と身振りを組み合わせて伝えようとしていることが読み取れる。1歳児クラスの子どもたちは，言葉の表出はしなくても，多くの言葉を理解するようになる時期である。そうした特徴をふまえ，日々の生活体験にねざして，穏やかな雰囲気のなかで言葉を語りかけることが大切である。この事例でも，目の前にはないが，「冷蔵庫」「冷たい」などの関連する言葉を使っていて，このような日々の何気ない，ていねいな言葉がけが言語習得にもつながっていくのである。

　本章では，人生最初期の3年間の言葉の発達過程と，保育所保育指針等の内容を参照しながら，保育者としてどのような配慮や関わりが大切なのかを事例

も紹介しながら概観した。言葉の発達には個人差があるものの，共通して大切なのは，子どもが自分の発する思いを受容される喜び，他者とコミュニケーションをすることの心地よさを経験することである。子ども一人一人の興味や関心に寄り添い，豊かな言葉の育ちを支えられることが保育者に求められる。

【注】
1）J. ヴォークレール著，明和政子監訳，鈴木光太郎訳 『乳幼児の発達―運動・知覚・認知』新曜社，2012，p.234
2）無藤隆 『協同するからだとことば―幼児の相互交渉の質的分析』 金子書房，1997
3）J.S. ブルーナー，寺田晃・本郷一夫訳 『乳幼児の話しことば―コミュニケーションの学習』 新曜社，1988
4）役割取得能力とは，自己と他者が異なる存在で異なる視点をもつことを認識し，他者の見方や感情を推論する能力である。
5）幼保連携型認定こども園教育・保育要領では，「乳児期の園児の保育」「満1歳以上満3歳未満の園児の保育」と表記され，記載内容は保育所保育指針と統一が図られている。本章では両者を代表し，保育所保育指針の表記を用いる。
6）厚生労働省 「保育所保育指針」 2017，「第2章，2，(2)，エ　言葉」

【参考文献】
内田伸子 『発達心理学―ことばの獲得と教育』 岩波書店，1999

演 習 問 題
問1. 保育所保育指針の「乳児保育」の「身近な人と気持ちが通じ合う」および「1歳以上3歳未満児の保育」の領域「言葉」を読み，解説書でどのように説明されているかを確認してみよう。
問2. 「乳児保育」および「1歳以上3歳未満児」の保育を観察したり，映像を見たりして，保育者がどのような表情や身振り，言葉を使って乳児とやりとりしているか，3分ほどの場面を文字に書き起こして，考えてみよう。
問3. 乳児期の言葉の育ちを支える環境構成として，どのような配慮や工夫ができるかを考えてみよう。

❷ 乳児期の言葉の発達と保育における配慮　35

column

言葉の発達の個人差

　言葉の発達の速度は，子どもによって異なる。そうした個人差は子どもの気質や認知の差，身近なおとなの語りかけのスタイルなど，複数の要因によってもたらされる。たとえば，言葉の発達がゆっくりの子どもは，気質的にはずかしがりやで注意深いという場合がある。言葉は理解しているが，表出をしないだけということもある。言葉の表出時期がほかの子どもより遅いからといって焦る必要はなく，保護者が不安を示した場合にも個人差があることを説明するとよいだろう。もし発達の遅れが心配される場合には，不用意に不安をあおらず，発達検査などを受け専門家の判断を待つことが望ましい。

第 2 章

幼児期の言葉の発達過程

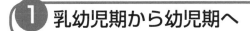

1 伝え合う言葉，考える言葉の発達

　幼児期において，言葉は著しく発達する。3歳ころになると自分の気持ちを言葉で表現し相手に伝えようとする。生活のなかで必要な言葉，経験を語る言葉はますます増え，一般的に子どもが使用する語彙数は変化し，2歳ころには300語だったものが3歳ころになると1,000語，5歳ころには2,000語になるといわれている。成長とともに子どもの言葉は豊かになるが，子どもの個性や月齢，経験や成長のスピードなど，個人差がある[1]。発達の個人差に十分留意し，適切な関わりと言語環境への配慮を考えることが重要である。
　子どもは話し手の視線や表情，指さしなど身体動作などの非言語的手がかりをもとに，話し手の意図をやりとりのなかで読み取り，模倣したり使ってみたりするなかで言葉の意味を理解していく。2歳ころには，日常生活のなかでく

りかえされる定型的な行為であるルーティンのやりとり（たとえば,「はいどう
ぞ」「ありがとう」「いただきます」「ごちそうさまでした」など）を通して,おと
なとの会話だけでなく,子ども同士で楽しくやりとりをかわし,通じ合うこと
の喜びを経験している姿がよくみられるようになる。

　幼児期の子どものやりとりをていねいにみていくと,発話内容に心の状態を
示す言葉が徐々に増えていくことに気づく。たとえば,「うれしい」「悲しい」
「怒る」など情動を示す言葉や,「知っている」など心の状態や思考を示すよう
な言葉である。家庭などで情動に関する会話の量や情動が生じた原因について
話す量,様々なテーマで会話する機会が多いほど後の情動理解が進むといわ
れ,また,きょうだいや友達と一緒にいるときのほうが心の内的状態について
多く語っているという[2][3]。

　いざこざなど他者との葛藤場面を通して,だんだんと自分とは異なる他者の
存在や内面に気づいていくが,その際,保育者や周囲のおとなの情動調整をモ
デルにしながら,子どもは言葉で自分の情動を表現して調整したり,他者の気
持ちを推測したりするようになっていく。葛藤場面でも,お互いに言葉で主張
したり,納得や妥協,折り合いをつけたりしようとする姿がみられるように
なっていく。対おとなとの"縦の関係"だけではなく,対等な子ども同士の"横
の関係",対年長児・年少児との"斜めの関係"は子どもの言葉の経験をより
豊かにしていくのではないだろうか。

　幼児期から子どもは具体的事象に関する身近な人とのリアルタイムのコミュ
ニケーションのなかで「話すこと」「聞くこと」を主とした一次的ことばを発
達させていく。そして,幼児期後半から就学以降,身近な人の枠を超えて,不
特定の抽象化された他者に対する「伝えること」や「書きことば」などの二次
的ことばを発達させていくという[4]。幼稚園教育要領,保育所保育指針,幼保
連携型認定こども園教育・保育要領に示される領域「言葉」の内容をみると,
そのほとんどが話し言葉に関することである。文字に関する事柄は領域「環境」
にも示されており,子ども自身の興味関心,感覚が養われ,子ども自身の必要
感に基づく体験が重視されていることがわかる。

38　第1部　第2章 ★ 幼児期の言葉の発達過程

2 読み・書きの発達

　5,6歳ころまでに，文字を読むふりをしたり，記号として目で見て図形として自分の名前を探したり，自分の名前などを中心に特定の文字が読めるようになり，そこからさらに人の名前と比較したりするなど，日常生活で文字環境にふれるなかで読み・書きの基礎を築いていく。幼児期は，生活や遊びを通して出会う身近な環境のなかで，文字や数量，図形や標識などに親しむ。集団生活ならではの名札や当番表があり，またカレンダーや時計，手紙や看板，絵本や紙芝居，カルタ，歌の歌詞等の掲示物など様々な文化的環境に囲まれて生活をしている。それらの記号に自然に接し，しだいになじんでいく。

　さらに，子どもの興味・関心・意欲や周囲の友達とのやりとりのなかで刺激を受け，あこがれまねる気持ちなどが生じ，自分で使ってみたい，読みたい，伝えたい，という気持ちを実現しようとする。この実現のために，保育者などが教えることもあるが，保育者が保育材を吟味したり，絵本や物語を読んだり，手紙を書く活動を子どもと楽しんだり，まだ文字がわからない子どもにはスタンプや絵などであらわしたり，自分で書きたい子どもには五十音表を貼っておいて確認できるようにしたりするなど，計画的に環境構成をすることで，子どもが身近なヒト・モノ・コトと主体的に親しみをもって接することができ，そうした体験の積み重なりのなかで喜びや楽しさを感じながら，しだいに言葉は獲得されていくだろう（事例1参照）。

事例1 動植物に親しみ，文字で伝える

　園生活のなかで，身近な動植物に親しみを感じ，大事にしたい気持ちとともに，文字で表現して人に伝えようとする姿がみられる。

　音韻意識も徐々に発達し，仮名文字，たとえば「うさぎ」という語を「う・さ・ぎ」と3つの音に区切ることがわかり，しりとり遊びのような言葉遊びができるようになってくる。また，「まいか」と「いか」など名札を見ながら自分の名前のなかにほかの生き物が隠れていることに気がついたり，「いか」と「かい」など逆さ言葉を楽しんだり，連想ゲームをしながら言葉を次々と出したり，おもしろい言葉や美しい響きのフレーズを繰り返して楽しんだりなど，友達とのやりとりのなかで言葉遊びが盛んに行われる。

　さらに，文字と音の対応を習得し，個々の文字から語を認識できるようになっていくが，「ね」と「れ」，「め」と「ぬ」のように形が似ているもの，促音（「っ」）や拗音（「ゃ」「ゅ」「ょ」など）も間違いやすく，助詞の「は」が「わ」に，「を」が「お」になる場合も多い。鏡文字も幼児期にはよくみられる（事例2）。近年では就学前から表現手段の一つとして文字等を身につけている子どもも増えているようだが，だいたい小学生で文字一音の変換ができ，語彙が増え，すらすらと読めるようになり，読み聞かせではなく自分で一人読みができ理解できるようになるという[5)6)]。幼児期には，まず子どもが経験したことや考えたことを自分なりの言葉で表現し，伝え合う喜びを経験する機会を大切にしたい。

> **事例2** お店屋さんごっこを知らせる（4歳児3月）
>
> 明日，クラスでお店屋さんごっこをすることになり，ほかのクラスにもお客さんに来てほしいと思った子どもたち。保育者から「お手紙をかいてほかのクラスのみんなに知らせにいけば来てくれるんじゃないかしら」という投げかけもあり，手紙を書いた。呼びかけに行く当番の人を決め，降園前の集まりの時間に各クラスを訪れて紙をみせながら呼びかけた。

絵本や紙芝居，物語は，園で出会う非常に身近な児童文化財である。絵本のどこをみているかというと，子どもはまず挿絵の「絵」から得られる情報を主として取り入れ，読み聞かせをする保育者など読み手であるおとなの「声」を聴く。しだいに絵と文字・言葉を統合して内容を理解して物語の世界を楽しんだり，自分の経験と絵本の世界を結びつけたり，次のページすなわち先を予想をして繰り返しを楽しんだり，さらに比較的長く一部挿絵のあるような物語の読み語りを聴いて想像をめぐらせたりし，1人で絵本などを読むことも徐々に増えてくる[7)8)]。

絵本といっても，物語絵本のほか，さわったりめくったり絵本そのもので遊んだり楽しんだりできるおもちゃのような構造の絵本，車など様々な種類を網羅的に示す図鑑のような絵本，しりとりやなぞなぞ，回文，音読するとリズミカルな言葉がならぶ言葉遊びの絵本，科学絵本，ナンセンス絵本，その他，子ども向けの月刊誌など，その形態は様々である。読み聞かせをするときは，子どもの生活や興味関心，発達に即したものを十分に吟味し，楽しみながら絵本を選びたい。絵本に比べると最近ではあまりみられないが，語り手である保育者が物語の内容を覚えて絵本や本等を見ずに語り聞かせる素話などは明治時代から保育実践の場で広く行われてきた。絵本や物語は，その多様な世界をおと

なも子どもも共有し一緒に楽しめる機能をもつメディアであり，同時に読み聞かせなどの語りを通して生活のなかで自然に語彙を広げる可能性を秘めている。

　幼児期の言葉の発達過程について概要をまとめた。次節以降，園生活における様々な事例を取り上げ，幼児期の言葉の発達過程についてさらに具体的に深めていきたい。

❷ 個と集団

1 集団保育への参加

　3歳以上になると，保育所や幼稚園などの集団保育施設で過ごす子どもは多くなる。集団保育のなかで，子どもたちは同年齢の異なる個性をもつ他児に出会い，家庭と異なる話題について言葉を交わし，子ども同士の関係を深めていく。

　さらに，遊びのなかでも，他児との関わり方が変化する。ひとりで遊ぶことが減少し，<u>直接に関わらないが，同じ場所で同じ遊びをすること</u>（平行遊び）がみられるようになる。そして，<u>直接に関わりながら一緒に遊ぶこと</u>（連合遊び）へと発展し，さらに<u>遊びのイメージを共有し，ルールや役割を決めてから一緒に取り込んで遊ぶこと</u>（協同遊び）へと発展していく[9]。このような他児との関わり方の変化は，言葉のやりとりの変化も意味している。集団の遊びに参加することは，話しをする相手が増えるだけという簡単なことではない。

　3人以上の子どもが話し合いに参加することは，全員の話を「聴く力」だけではなく，その話は誰に向けているか（話の宛先）を判断し，話の内容を理解し，自分の考えと比較し，さらに考え直すという「考える力」と，適切なタイミングで自分の思いを「話す力」も要求されている。それは，子どもたちにとって決して簡単ではないが，集団での遊びや集団の話し合いに参加する経験を重ね，集団におけるコミュニケーション能力を獲得していく。

2 クラスの一員として

　子どもたちは毎日のルーティンの活動（朝の会や帰りの会など）や，クラスのみんなと一緒に行う集団活動に参加することによって，「クラスの一員」としての感覚を形成していく。自分ひとりや小グループではなく，クラス単位で一つの問題を解決し，決まりをつくったり，また，一つの作品を協同的につくり上げたり，同じ舞台で一緒に発表したりするという，クラス全員が一緒に楽しむ体験は，クラスの一体感とつながる（コラムの事例7）。

　実際に，5歳児クラスの話し合いを9か月間に渡って観察した研究では，子どもの話し合いにおける発話数は，発達的に時期とともに直線的に増加していくのではなく，話し合いにおいて，子ども一人一人は独自の参加の仕方があることが示唆されている[10]。集団にいながらも，子どもたちは各自の個性を保ちつつ，集団の一員として成長していく。

❸ 仲間関係と言葉

　集団で生活をともにし，言葉を交わしつつ，子どもの「仲間」意識が育てられていく。しかし，仲間と一緒に過ごすのは，楽しいことばかりではなく，子どもたちの気持ちがぶつかり合うときに，いざこざが多発する。それを意図的に避けるのではなく，むしろそれは子どもたちの仲間関係を深める機会にもなる。

　いざこざに対処するために，保育者がいざこざを起こした子どもたち（当事者）の間に入り，仲介することが多くみられる。しかし，保育者だけではなく，いざこざに関わっていない子どもたち（非当事者）もいざこざに介入し，一緒に対処する事例が多く報告されている。3歳児の場合，保育者の援助を受けながら，子どもは「非当事者」としていざこざの実態を認識し，問題解決に参加し，いざこざの状況を変化させる可能性があることが示されている[11]。また，4歳児になると，「非当事者」である子どもがいざこざの場面に介入し，協同的に問題解決を試みることが明らかになっている[12]。さらに，5歳児において

は，「非当事者」の子どもたちもいざこざについての話し合いに参加し，「当事者」にはたらきかけ，そして，子どもだけでも仲間関係を調整できることが示唆されている[13]。

事例3 「もっと言うと泣いちゃうよ」（5歳児）[13]

　お昼の準備で，全員が順番におかずを取っているところ。A児は最後1人でおかずを取る。そして，彼は自分の分が残っていなかったことに気づいた。

　A児：Y先生，Aさ，春雨みたいなものない！
　B児：（A児に向かって）コンニャクだよ。
　C児：（A児に向かって）コンニャク，コンニャク。
　Y先生：（A児に向かって）確かにないね，少ないね。
　A児：（Y先生に向かって）Dちゃん，多いんだ。
　Y先生：（A児に向かって）取りに行こうか？　後聞いてみようか。
　C児：（A児に向かって）もっと言うとDちゃん泣いちゃうよ。
　A児：（C児に向かって）でも，Dちゃん多いじゃん！
　E児：（A児に向かって）いいの。
　F児：（A児に向かって）今はいいの。泣いちゃうから。
　D児：（泣きそうな顔で）Aちゃん，何でそんな怒るの？
　C児：（A児に向かって）そんな怒るの，必要はない。ち，けち！
　F児：（A児に向かって）けち。（ちょっとA児の髪の毛をさわって）
　Y先生：みんな食べられそうなら始めてください。

　事例3では，A児とD児はおかずをめぐっていざこざを起こした。そして，Y先生は「おかずを取りに行こうか」と提案したが，A児はD児に対する不満を抑えることができなかった。そのとき，「非当事者」であるC児，E児，F児らは，A児の情緒面にはたらきかけ，D児の気持ちを考えるように言葉かけをした。結果的に，子どもたちは保育者の提案とまったく異なる方向でいざこざに対処し，子どもたちだけでも言葉を交わし，仲間関係を調整することができた。

4 言葉と思考・表現

　幼児期後期になると，自分の思ったことをそのまま言葉で表出する機能（外言）と，言葉を使って頭のなかで考える機能（内言）の分化が始まる。また，2017（平成29）年改訂の幼稚園教育要領では，幼児期の終わりまでに育ってほしい姿のなかで，「思考力の芽生え」では，「友達の様々な考えに触れる中で，<u>自分と異なる考えがあること</u>に気付き，<u>自ら判断したり，考え直したりするなど</u>，<u>新しい考えを生み出す喜び</u>を味わいながら，自分の考えをよりよいものにするようになる」と述べられている[14]。つまり，幼児期の終わりまでに，言葉を使って頭のなかで考えること（内言）の芽生えが期待されている。そのために，他児とかかわり，考えを交わせる機会をたくさんつくることが大切である。

　実際に，他児と言葉を交わすと，自分の思考をさらに深めることができる。また，子どもたちが考えを交わし，刺激し合うことによって，新しいアイディアが生まれる。

> **事例4　鳥かごをつくる（5歳児）part.1**
> 　外で散歩をしているとき。鉄棒の近くの，高い木が何本か生えている道にたどり着き，みんながこれからやる「魔法の笛」という劇のことを思い出して，その劇に出てくる歌を何人かが歌い始めた。Y先生も5歳児たちと一緒に歌ったり，劇のことについて話したりしていた。そして，路上で木の枝や葉っぱなどを拾い，みんなが劇の道具や弓などをつくりながらいろいろ話し始めた。
> 　（前略）
> Y先生：（全員に向かって）どうやって鳥かごをつくれると思う？（何個かの
> 　　　　枝を拾って，やってみている）
> 　G児：（Y先生に向かって）あ！　分かった！　あのね！（言いながらY
> 　　　　先生に接近する）(1)
> 　（中略）
> 　G児：（Y先生に向かって）こうやって，こうやって，かご(2)
> （C児とD児は自分の枝を拾おうとしている。そしてG児，H児とE児が
> Y先生のすぐそばに立つようにY先生に接近し，Y先生は子どもたちと話

4 言葉と思考・表現　45

しながらかごをつくろうとしている)

　E児：（Y先生に向かって）でもさ，でも，かごまだいらなかった。(3)

　H児：（Y先生に向かって）つくったことあるよ。うちで。

（中略）

　F児：（全員に向かって）あの，それで周りで，ぐるぐる回っていくと。(4)

　Y先生：（全員に向かって）組み合わせるのね。(5)

　F児：（Y先生に向かって）そうそう！

　G児：（全員に向かって）こうやって切って，詰めて。(6)

　Y先生：（全員に向かって）編んできたらと言ってる？(7)

　G児：（Y先生に向かって）（うなずく）うん。

　Y先生：（全員に向かって）みんなつくってみる？

　全員：（Y先生に向かって）うん！

　事例4のpart.1では，最初からY先生と一緒に鳥かごをつくろうとするG児(1)(2)がいて，自分の意見を出したり，Y先生の提案を支持したりした。しかし，Y先生に接近し，話し合いに参加しようとするE児は，逆に鳥かごをつくるのに反対していた(3)。また，F児とG児は自分の主張を言葉で表現した(4)(6)後に，Y先生はクラスのみんなに共有できるように言い換えること(5)(7)もみられた。

　では，続けて事例4のpart.2をみていこう。

事例4　鳥かごをつくる（5歳児）part.2

　Y先生：（G児とH児が拾ってくれた枝をもらい，いくつかの枝を絡めてみて，全員に見せながら）こうやって絡めていけば（枝を絡めながら）こうやってさ，かごっぽくなってきたよね。

　D児：（Y先生のそばにたち，Y先生に向かって）これかご？(8)

　Y先生：（D児に向かって）そう！　でも分からない，あ！　落ちちゃう。

　G児：（Y先生に向かって）間に。

　Y先生：（全員に向かって）こうやって，どんどん絡めていったら，絡まってきたよ。鳥の巣になってきたけど，はは～（笑う）でも，それもいいかも。

D児： （Y先生に向かって）これで大丈夫なの？(9)
　G児： （D児に向かって）どんどん絡めていくから。(10)
　Y先生： （全員に向かって）うん。いっぱい，いっぱい持って来て。
　D児： （Y先生に向かって）はい！
　G児： （Y先生に向かって）ここに挿す，あ，落ちちゃう。
　Y先生： （全員に向かって）まっすぐじゃなくて，いろいろ，こうぐちゃぐ
　　　　　ちゃしたり，絡まったようなの。
　G児： （全員に向かって）ぐちゃぐちゃの。
　D児： （枝を取りきって，Y先生に向かって）これやって。(11)
（3人は鳥かごをつくりはじめて，ほかの子どもは手を出してない様子）
　D児： （Y先生に向かって）横にどんどん入れたら？(12)

　part.2では，Y先生たちの鳥かごのつくり方に疑問を抱くD児が発言した
(8)(9)。そして，Y先生とG児の説明(10)によって，D児も鳥かごをつくるの
に協力するようになり，自分の意見も言い出した(11)(12)。

　Y先生の鳥かごづくりに協力する子どもが少し増えた。では，事例を最後ま
でみていこう。

事例4　**鳥かごをつくる（5歳児）part.3**

　Y先生： （D児に向かって）けど，歩いたらどんどん崩れてきた。どうやっ
　　　　　たらうまくいくかな？
　I児： （Y先生に向かって）つくりたい。
　F児： （Y先生に向かって）ね，Y先生，Y先生，いいこと思いついたさ。
　　　　　あのさ。(13)
　G児： （Y先生に向かって）こうさ（両手で丸い円を描いて）
　F児： （Y先生に向かって）鳥のかごじゃなくてもさ，草でもいいんじゃ
　　　　　ない？(14)
　Y先生： （F児に向かって）あ〜最終的にはね。でも骨組み何かね，固いの
　　　　　じゃないと。
　G児： （Y先生に向かって）そう！
　C児： （Y先生に向かって）糸とか，ヒモとか。(15)

❹ 言葉と思考・表現　47

> G児：（Y先生に向かって）いいこと考えた！　曲がったやつ組んだら？(16)
> Y先生：（G児に向かって）そうなんだけどね。今，曲がったような感じの（周りを見て）もともと曲がっている感じのを組むの？
> G児：（Y先生に向かって）そう！
> Y先生：（G児に向かって）あ，なるほどね。
> G児：（Y先生に向かって）木の鏡みたい。こういうふうになって（横じゃなくて，縦側に積み上げたような円状を手で描いて）。(17)
> Y先生：（G児に向かって）そうそう！　そういうふうになっていきたいよね。
> G児：（Y先生に向かって）自分で立って。(18)
> Y先生：（全員に向かって）じゃ，またさ，じっくりこれ考えながらさ，つくってみようか。何かかごみたいのをつくれたらいいね。
> （そして，話し合いがいったん終わって，みんなが保育所に向かって帰る）10)

　part.3では，鳥かごを枝でつくるのではなく，草や糸やヒモのような材料でつくるように提案したF児(13)(14)とC児(15)もいた。また，ずっと話し合いに参加していたG児も，新しいアイディア(16)や鳥かごに対する新たなイメージ(17)(18)を表現した。

　事例4のように，クラスの話し合いに参加し，他児の異なる考えをたくさん聞くことは，子どもたちが考え直す機会になる。さらに，保育者の支援のもとで，子どもたちが言葉で自分の考えを共有できる楽しさを味わい，適切な言葉で自分の思いを表現することを知り，クラス全員で鳥かごのつくり方などについても，考えを練っていくことができた。

5 言葉の楽しさや美しさ

1　おもしろそうな言葉との出会い

　言葉は自分の気持ちや思いを伝えるだけではない。多様な活動を通して，た

くさんの言葉と出会うことで，子どもは徐々に言葉を使う楽しさや言葉本来の美しさに気づいていく。

たとえば，ほかの子どもと一緒に歌を歌うことで，言葉の響きやリズムを楽しむだけではなく，おもしろい歌詞に出会ったり，生活中の言葉と異なる表現にふれることができる。

また，絵本や物語の読み聞かせの後，子どもたちがストーリーについて話し合ったり，自分の経験と結びつけて語ったりするなど，言葉を使って，伝え合う楽しさをより一層味わうことができる。

ごっこ遊びで違う役割を担って，登場人物のセリフを言い合ったり，演技をしたりすることで，子どもたちは新しい言葉に興味をもち，自分も使いたいという意欲が湧いてくる。

事例5 「心に刻んだ」というセリフ（5歳児）

劇のリハーサルをしていたところ，むずかしそうなセリフ「心に刻んでいこう」が出てきた。そのとき，Y先生はクラス全員とセリフをどれにするかを話しはじめた。

Y先生：（全員に向けて）ここどうしたらいいかな？　ね，みんな聞いて，みんな考えて。あのさ，「少年たちの賢い星を守っていこう」か「心に刻んでいこう」か，どっちのほうがいい？

C児：（Y先生に向けて）「刻んだ」のほうがいい。

D児：（Y先生に向けて）刻んだ。

Y先生：（全員に向けて）あ～すごい！　ここ「刻んだ」のほうがいい？

I児：「刻んだ」ほうがいい。

Y先生：じゃ，「心に刻む」わかる人？

F児：（Y先生に向けて）心に，

Y先生：（F児に向けて）心に，

E児：（Y先生に向けて）何かを入れる。

Y先生：（E児に向けて）何かを入れる。うんうん！

A児：（Y先生に向けて）心に，なんか。

E児：（Y先生に向けて）やさしい気持ち。

Y先生：（E児に向けて）やさしい気持ちをもつ？

---

⑤ 言葉の楽しさや美しさ　49

C児：（Y先生に向けて）やさしい気持ちをもつ。
　Y先生：（全員に向けて）あのね，心に刻むというのは，じゃ，あたしが言っ
　　　　　たことを，心に刻んどいてって言われたら，どういうことなの？
　　C児：（Y先生に向けて）覚えとく。
　Y先生：（全員に向けて）わ〜
　　C児：（全員に向けて）覚えとく。
　Y先生：（全員に向けて）今の決まりを，覚えとく，しっかりと覚えとこう。
　　　　　これが「刻む」，「刻み込む」。じゃ，どっちにする？　みんな。
　　D児：（Y先生に向けて）刻む。
　Y先生：（全員に向けて）「刻む」で行く？　「刻む」と「守っていこう」と。
　　C児：（Y先生に向けて）刻む！
　Y先生：（全員に向けて）「刻む」がいい？　じゃ，もう1回行こう。
（劇のリハーサルに戻る）[10]

　事例5では，子どもたちはまだまだ言葉の意味を知らないが，「心に刻む」
のような言葉を使いたがっている。この言葉は子どもにとって，まだむずか
しいけれども，こういうむずかしそうな言葉を使うおもしろさを存分に楽しんで
いる様子だった。また，事例のなかのY先生の言葉かけによって，子どもた
ちが言葉の意味について考えて，さらに言葉の理解の深まりへとつながってい
る。

　実際の保育のなかで，むずかしい言葉が出てくると，保育者のねらいによっ
てすぐにわかりやすく言い換える場合もある。しかし，子どもたちはこのよう
なむずかしい言葉にはとても敏感で，言葉の意味がわからなくても，自分の口
から言い出せる楽しさや，言葉がもつ「美しい」「かっこいい」という感覚を
感じ取ることができる。

2　言葉の感覚

　4歳前後になって，生活に必要な言葉を獲得した子どもたちは，徐々に言葉
の不思議に気づく。たとえば，「雨」と「飴」，「箸」と「橋」のように，発音
は同じだが，音の高さが違うだけで異なる意味を表している。このような言葉

の感覚が育つには，豊かな言語体験が必要である。

　子どもたちは，保育者と他児と言葉を交わす経験はもちろん，一緒に歌を歌ったり，しりとりなどの言語遊びで遊んだりすることも言葉の豊かさとつながるだろう。また，絵本や物語などを読み聞かせて，そして子どもたちが楽しく想像し，自分の想像や考えを語り合い，さらにほかの活動とつなげていくことも，豊な言語体験になるだろう。

6 幼児期と児童文化財

　絵本などの児童文化財は子どもたちにとって，ただ新しい言葉や美しい言葉を知るきっかけになるだけではなく，実に多様な役割を果たしている。

1 イメージを共有して伝え合う喜びを味わう

　絵本の読み聞かせによって，子どもたちは同じ世界を知って，同じイメージを共有できる楽しさを感じる。

> **事例6**　「からすのパンやさん」（3歳児）
> 　絵本のなかで，子どもたちが何度も繰り返し楽しむ場面がある。からすのパンやさんが，とってもすてきな，変わった形の，楽しいおいしいパンをどっさりたくさんつくった場面である。「ぼく，くじらパンにする」「私は，あひるパン！」と，思い思いに好きなパンを手にとったつもり，食べたつもりで，絵本を繰り返し楽しんでいた。
> 　そんなふうに楽しむうちに，「いずみがもりのからすのパンやさんにいってみたいねぇ」「チョコちゃんやリンゴちゃんに会ってみたいねぇ」と会話が盛り上がっていった。
> 　はじめは，からすのパンやさんは会ってみたい対象だったが，そのうち，「ぼく，チョコちゃんだよ。かーかーかー」「私は，レモンちゃん！　かーかーかー」と，からすになりきって，園庭や散歩先で遊ぶ姿がみられるようになった[15]。

　事例6では，子どもたちはまず「変わった形のパン」という言葉について，

自分のイメージを伝え合い，楽しんでいた。そして，絵本のなかに出てくるパンという「もの」に限らず，絵本の主人公たちに対する興味も湧いてきて，話題が広がった。さらに，ごっこ遊びなどで自分たちが主人公になり，自分の役割やセリフなどを楽しんでいた。また，遊びが展開するたびに，子どもたちが異なる言葉を交わし，絵本から自分たちのイメージを共有しながら伝え合う喜びを感じていた。

② 読み聞かせに止まらないこと

絵本は，子どもたちの想像を膨らませるための手助けになる。絵本から，関連している遊びへと発展したり，絵本の内容が子どもたちの新しい話題になって話が盛り上がったりすることがよくみられる。このように，絵本の読み聞かせ活動を，読み聞かせるだけで終わりにするだけではなく，ときにはより長い時期で楽しめる，多様な活動に発展できるように計画を立てると，子どもたちの言語体験はより豊かになる。また，児童文化財を取り入れる活動計画は，言葉の領域に限らず，多領域にわたって総合的に考慮する必要がある。

③ 幼児期と視聴覚教材等のメディア

集団保育のなかで，子どもは児童文化財以外の，多様な視聴覚教材などのメディアと出会う機会がある。異なるメディアにふれることによって，視覚・聴覚的に新しい刺激を受け，子どもたちの好奇心や探究心を育むことが期待されている。

たとえば，子どもたちが透明のフィルムに絵を描いて，OHP（オーバーヘッドプロジェクター）を使って投影し，他児と一緒に見ると，いつもと違う絵になり，新しい話題へと広がるだろう。また，同じプロジェクターだが，実物投影機などを使って，小さなものを100倍ぐらい大きく投影すると，子どもたちはきっとその不思議さに感動し，新しい探求のプロセスが始まるだろう。

【注】

1）野口隆子 「縦断調査の結果 保育・教育の質が幼児・児童の発達に与える影響の検討」 平成 23 年度—27 年度科学研究費補助金（基盤研究（A）） 研究代表者：秋田喜代美, 2016

2）Dunn,J., & Bretherton,I. Conversations about feeling states between mothers and their young children. *Developmental Psychology*, Vol.23, No.1, 1987, pp.132-139.

3）Dunn,J., Brown, J., & Beardsall,L. Family talk about feeling states and children's later understanding of others' emotions. *Developmental Psychology*, Vol.27, No.3, 1991, pp.448-455.

4）岡本夏木 『子どもとことば』 岩波書店, 1982

5）Chall,J.S. *Sages of reading development*.(2nd ed.) MacGrawHill, 1996

6）田中裕美子 「読み・書きの発達」 岩立志津夫・小椋たみ子編 『よくわかる言語発達』 ミネルヴァ書房, 2005, pp.58-59

7）秋田喜代美 『読書の発達心理学—子どもの発達と読書環境』 国土社, 1998

8）無藤隆・野口隆子・木村美幸 『絵本の魅力—その編集・実践・研究』 フレーベル館, 2017

9）Parten, M. B., Social Participation Among Preschool Children. *Journal of Abnormal and Social Psychology*. Vol. 27, 1932, pp.243-269.

10）呂小耘 「5 歳児クラスのテーマに基づく話し合い—保育における談話分析」 東京大学大学院教育学研究科博士論文, 2017

11）松原未希・本山方子 「幼稚園 3 歳児の対人葛藤場面における介入行為と状況変化」 『保育学研究』 54（2）, 2016, pp.37-48

12）松原未希・本山方子 「幼稚園 4 歳児の対人葛藤場面における協同的解決」 『保育学研究』 51（2）, 2013, pp.187-198

13）Xiaoyun LU 「Roles as Persons Concerned and Non-Concerned during Class Problem-Solving Discussions : Focus on Two 5-Year-Old Children」 『国際幼児教育学研究』 Vol. 23, 2016, pp.11-27

14）文部科学省 「幼稚園教育要領」 2017,「第 1 章, 第 2, 3,（6）」

15）有馬聡子 「3 歳児クラス—絵本の読みあいから広がる遊び」 樋口正春・仲本美央編著 『絵本から広がる遊びの世界—読みあう絵本』 風鳴舎, 2017, p.47

【参考文献】

小林春美・佐々木正人編 『新・子どもたちの言語獲得』 大修館書店, 2008

齋藤瑞恵 「『知っている』ということについての幼児の理解の発達」『発達心理学研究』 11（3）, 2000, pp.163-175

高橋登・中村知靖 「適応型言語能力検査（ATLAN）の作成とその評価」『教育心理学研究』 57, 2009, pp.201-211

マイケル・トマセロ著, 大堀壽夫・中澤恒子・西村義樹・本田啓訳 『心とことばの起源を探る―文化と認知』 勁草書房, 2006

演 習 問 題

問1. 子ども同士が遊んでいるときの言葉のやりとりを記録してみよう。異なる年齢の子どもたちの会話の違いを考えてみよう。

問2. 子どもの言葉の発達を促し，より豊かな言語体験を提供するために，保育者はどのように支援していけばよいかを考えてみよう。

---

column

クラスの一体感

・・・・・・・・・・・・・・・・・・・・・・・・・・・・・・・・・・

事例7 「そろっていくほうがいい」（5歳児）

　保育所の大きいホールに集まり，みんなが劇の衣装をまとい，道具などをいろいろ持ち込んで，歌ったり，踊ったりして，リハーサルをした。劇のリハーサルの後，みんな一緒に座って，休みながらも，リハーサルについての感想を話しはじめた。ここでは，劇の最後に，舞台に立つ人たちがずっと踊ったほうがいいか，それとも踊って，だんだんそろっていくほうがいいかという，劇の結末をどのような形で表現するのかを話し合っている。

　（前略）

Y先生：（全員に向かって）でもこうなったら全員が，なんか，最後やってもいいね。

　C児：（Y先生に向かって）<u>よかった。そろったほうがよかった。</u>

Y先生：（少し大きい声で，全員に向かって）ね，ね，みんな，見てたJちゃんとHちゃんとEちゃん。

　E児：（Y先生に向かって）<u>うん？</u>

Y先生：（全員に向かって）最後見ていた人，どうだった？

　H児：（Y先生に向かって）<u>楽しかった。</u>

54　第1部　第2章 ★ 幼児期の言葉の発達過程

> Y先生：（全員に向かって）踊ってたこと，そろっていくことと，ずっと踊っていると，どっちがいい？
> G児：（Y先生に向かって）そろってるの。
> Y先生：（G児に向かって）途中からそろうほうが好き？
> G児：（Y先生に向かって）そう！
> Y先生：（全員に向かって）みんなもやってみてどう？　やった人，最後。
> C児：（Y先生に向かって）えっと，そろってるほうがいい。最後に気持ちがいい。終わってるから，けっこういい。
> D児：（C児に向かって）えっと，気持ち？（Y先生に向かって）何か，仲良しになったかな。
> Y先生：（全員に向かって）あ～！　最後そろうから，みんなの声が，なんか，一緒になって，仲良しになった気がした？
> D児：（Y先生に向かって）うん。
> A児：（Y先生に向かって，笑いながら）一緒になっちゃった。
> （後略）[10]

　事例7では，劇のリハーサルに登場した子ども（C児，D児，A児）も，リハーサルを見ていた子ども（G児，J児，H児，E児）も，最終に「そろっていく」ほうがいいと主張した。クラス全員で一緒に劇をつくり，異なる役割を担いながら，協力し合って発表をめざすというプロセスのなかで，自分が「クラスの一員」としての感覚も自然に湧いてくる。そして，「そろっていくほうがいい」という劇の結末も，クラスの一体感や全員で一緒に劇をつくり上げた楽しさと達成感を象徴しているだろう。

❻ 幼児期と児童文化財

第 3 章

幼児期から児童期の言葉

1 幼児期から児童期の言葉

　幼児期の子どもたちの身の回りには，様々な言葉があふれている。子どもたちはそのような環境のなかで，自分にとって意味のある言葉を発見し，獲得していく。そして，コミュニケーションの手段として，思考のための手段としての言葉を手にしながら児童期へと向かっていく。

　2017（平成29）年改訂の幼稚園教育要領や保育所保育指針，幼保連携型認定こども園教育・保育要領における言葉の獲得に関する領域「言葉」の「ねらい及び内容」は，ほぼ共通なものとなった。そこには幼児期の子どもたちが言葉を獲得していくために，保育の場が果たす役割が明確に示されている。特に「言葉による伝え合い」については幼児期の終わりまでに育ってほしい姿として次のように示された。

> **言葉による伝え合い**
>   先生（保育士等・保育教諭等）や友達と心を通わせる中で，絵本や物語などに親しみながら，豊かな言葉や表現を身に付け，経験したことや考えたことなどを言葉で伝えたり，相手の話を注意して聞いたりし，言葉による伝え合いを楽しむようになる。　　（幼稚園教育要領「第1章，第2，3，(9)」）

　子どもは，乳幼児期に周囲の環境からの影響を受けながら，自分で発見し，学習した言葉を絶え間なく修正し続けることによって，単語の数を増やすだけでなく，「知っている」言葉の意味を広げ，そして深めていく。

　その際に，子どもたちを取り巻くおとな（保育者や保護者など）が使う言葉がモデルとして大きな役割を果たすことはいうまでもない。しかし，保育の場では保育者の使う言葉だけではなく，身近な友達の言葉もモデルとなる。そのような環境のなかで「言葉を用いて話す体験」や，「言葉を通して聞く体験」を積み上げていく。そうした様々な刺激にあふれた環境のなかで，子どもたちは自ら言葉を発見し，そこに意味を見出し，さらに新しい概念を獲得していく。

　この章では，幼児期から児童期にかけての子どもたちにとっての言葉とはどのような意味をもつのか，そして保育者がどのような意図をもって子どもたちとともにあるべきかを考えていく。

❷ 接続期（入園や進級時）と言葉

> **事例1**　「○○組さんおはようございます！」（3歳児）
>   幼稚園に入園したての3歳児たち。当初は「○○組さん」とよばれてもキョトンとしていた。しかし，しばらくすると「○○組さん」とよばれるとうれしそうに「はい！」と返事をするようになる。
>   4月の誕生日会では，司会者が「○○組さんおはようございます」と言っても返事はあまりない。しかし，7月にもなると，どの学年よりも大きな声で「おはようございます！」と返事をする。

初めて家庭以外での集団生活を始めた新入園児。彼らは「○○組」という言葉が，自分の所属する集団や保育室を意味する言葉だということを生活のなかで徐々に理解していく。安心の基盤である保育者を「○○組の◎◎先生」とよび，「◎◎先生は○○組」と言い換え，言葉の使い方を獲得していく。当初は自分だけが○○組という枠組みのなかにいたのが，徐々に「△△ちゃんも，□□くんも，○○組だよね」と意味の枠組みも広げていく。

「○○組さん」とよばれたことに対してどう応答してよいのかわからなかった新入園児が，誕生日会に大きな声で返事をするようになるのは，ほかの学年の司会者と子どもたちとのやりとりを見ながら，ほかの学年の子どもたちの言動をモデルとし園のなかでの応答的な仕組みを身につけていったからである。保育の場では，自分よりも年長の子どもたちが使う言葉を見聞きしながら，言葉の使い方を学ぶのである。

> **事例2** 「△△組さん，おかたづけの時間ですよ！」（4歳児）
>
> 　進級してすぐの4月。保育者が「△△組さん，そろそろおかたづけの時間ですよ！」と声をかける。気持ちを切り替えて使っていたものを始末しはじめる子どももいるが，A児は保育室の中で黙々と制作遊びを続けている。「△△組はかたづけだよ！」と周りの友達は言うが，A児の耳には入らない。保育者が「△△組のAちゃん，帰りの時間だからかたづけですよ」と声をかけると，ハッとしたように顔を上げて周りの様子をみて，気持ちを切り替えて身の回りの整理をはじめた。

学年が変わり，所属クラスの名称が変わる際にも，新入園児の事例と同じようなことが起こる。1年間の園生活を送ってきたA児ではあるが，学年間の接続期には進級して新しい所属になった自覚はあるものの，まだその言葉が所属を意識する枠組みにはなっていないことがわかる。

保育者にとっては進級してクラス名が変わることは当然のことなのかもしれないが，3歳から4歳に進級する子どもたちにとっては，クラス名が変わることは混乱の状況を生むようである。このようなときに，事例にあるように保育者が「△△組のAちゃん」と声をかけることで，A児の所属への安心感や担

任への信頼感は増す。子どもたち自身が、身近な言葉の意味を深め、広げていくためにはこのような安心や信頼につながる援助が求められる。

　一方で、4歳から5歳への進級に際してはこのような姿はあまりみられない。それは、あこがれの5歳児クラスになることの意味合いが、4歳児クラスに進級することの意味合いよりも重いものであり、クラス名が明確に所属の自覚につながっているのだろう。幼児期の子どもたちはこのようにして、周りにあふれている言葉のなかから自分にとって意味のある言葉を発見していくのである。

❸ 文字環境

　文字と言葉は密接な関係にはあるが、幼児期の子どもたちの文字への興味関心は個人差が大きい。そのため保育の場では、一斉に文字を読んだり書いたりする指導はせずに、遊びや生活のなかで子どもたちが文字と出会えるように環境を構成している。ここでは、保育のなかで文字がどのような役割を果たしているかについて考えていく。

1 記号や文字との出会い

　幼稚園や保育所、認定こども園に入園すると、それまであまり関係のなかった記号や文字が自分にとって身近なものになっていく。自分の所持品に名前やマークがついていて、それをかたづける場所にも同じように名前やマークがある（**写真3-1**）。それまでは「音声」だった自分の名前が、「文字（ひらがな）」やマークに対応する生活になる。そして、自分の名前と隣の人の名前やマークが違うことがわかり、記号としての言葉やマークの役割を理解していく。

　また、保育室の中には、ものを置く位置に絵と文字がセットになり「もの」

写真3-1　通園かばん

❸ 文字環境　59

や「場所」が示されている。遊び道具を整理する場所などは、子どもたちにとって毎日目にする文字環境の一つとなっている。

このようにして、幼児期の子どもたちは生活のなかで必要とされる記号や文字に出会うことで、それらの役割を学んでいく。保育の場は自然と言葉と文字が対応していることを学ぶ環境になっていることがわかる。

② 絵本と文字環境

子どもたちは、保育者が絵本を読む姿から文字と言葉が対応していることに気づいたり、文字が絵を説明する役割をもつことなどを感じ取ったりする。

ここでは、文字と絵が対応している絵本『ふしぎなナイフ』と3歳児との関わりから言葉の世界について考える。

> **事例3** **絵本で遊びながら（3歳児）**
>
> A児のお気に入りの絵本は『ふしぎなナイフ』[1)]。ページをめくるたびに、「ふしぎなナイフが…」という言葉と一緒にナイフが、曲がったり、折れたり、ほどけたり、膨らんだりする絵本である。実際には起こらないことが絵のなかで起こることがおもしろいようで、クラスでも人気の絵本となった。何度も読んでいるうちに今度は、A児が読み手となって、友だちに聞かせるようになった。

自分の思いを自分なりの言葉で表現することが楽しいのが3歳児である。しかし、自分なりの言葉が周りになかなか伝わらずに葛藤する時期でもある。そんなときに、絵本の絵と言葉が直接的に対応していてわかりやすく、ページをめくるたびに自分の気持ちを裏切らない『ふしぎなナイフ』は、A児にとって安心で楽しいものであったのだろう。

何度も読みながら展開を覚えたA児は、次に自分の前にぬいぐるみを座らせて、ぬいぐるみに向かって『ふしぎなナイフ』を読み聞かせはじめた。そこで保育者も聞き手として座ると、今度はほかの子どもたちもA児の読み聞かせを聞きに来る。A児の「ふしぎなナイフが…まがる！」「おれる！」「ほどける！」という言葉を聞き、それを聞くみんなが笑顔になる。A児はそんな周り

の反応から，話し手としての自分の言葉が伝わったことの喜びを感じているようであった。

　幼児期はそれまでも周りにあったたくさんの言語のなかから，自分で理解できる範囲の言葉を懸命に見つけ出し，それらを使って生活に参加しようとしている。そのことを保育者は理解し，子どもたちの意欲を受けとめていくことが大切である。

３　文字で伝えたい

　遊びのなかで子どもたちは他学年から大きな影響を受ける。文字についても同様である。園の文化のなかで，保育者が用意した環境にある文字だけではなく，子どもたちは自分たちより年長のクラスの子どもたちが遊びのなかで使う文字にも触れ，そこから影響を受ける。

事例4　だんごむしえん（5歳児）

　数名の5歳児が育てることにしたダンゴムシ。飼育ケースをテラスに置いて世話をしていたが，本人たち以外は飼育ケースに何がいるのかわからない。そのため，担任はいろいろなクラスの子どもたちに「これなあに？」と聞かれた。

　降園時に「実は，あの飼育ケースに何がいるのか，いろいろな人に聞かれて毎回答えるのが大変なんですが，何かいい方法ないですか」と問いかけると，「看板があるといい！」とアイデアがでた。この園では何かを伝えたいときに「看板」が使われていた。前年度の5歳児が遊びのなかで取り入れていた文化を思い出した子どもたちは，自分たちの遊びに取り入れることにした。

　意気揚々と画用紙に文字を書き看板づくりをはじめ，画用紙一面がすべて文字で埋め尽くされそうになったので，「小さい人は字を読めないとおもうんだけれど」とつぶやくと，子どもたちは「そうだ，そうだ，年少さんにもわかるようにしなくちゃ」と，中央にダンゴムシの絵を描いて，その周りに文字で説明を書き「だんごむしえん」の看板を完成させた（**写真3-2**）。

　「だんごむしえん」ができてからしばくして，生き物を飼うことが子どもたちの関心事になってきた。すると，自分たちで捕まえた虫を入れた，飼育

---

❸ 文字環境　61

写真 3-2　だんごむしえん　　　　　写真 3-3　アゲハの卵

ケースに同じように看板をつけたり，図鑑を探してきて調べたことを写してマイ図鑑をつくったりする子どもたちも出てきた。

　見つけたアゲハの卵には名前をつけ（**写真 3-3**），厚紙に書いて飼育ケースに入れ，蝶になるまで育てた。名前を自分で書いたことは，周囲に自分の取り組みを語るきっかけになっていた。

　園内の文字環境は，保育者が整えた環境のなかにあるだけではなく，子どもたちの遊びのなかにも埋め込まれている。幼児期も 5, 6 歳になると文字と音の対応を習得し，文字のまとまりを言葉にして伝え，説明することに関心をもつようになってくる。

　「だんごむしえん」の看板をつくる際に，子どもたちは友達と言葉でやりとりをしながら書いていた。自分が考えていることを言葉に表し，イメージを友達と共有しようとしていた。この時期の子どもたちが言葉を「考える手段」「対話をする手段」としても使い始めていることがわかる。

　自分たちが育てていることも伝えたいので，自分たちの名前も書いている。それまでは自分たちだけが見るものであった飼育ケースに看板をつくる過程で，みんなに見てほしいと思うようになったからか「みんなできてね」という文字も書き加えられている。担任のつぶやきを聞き，文字を読めない 3 歳児クラスの子どもたちにもわかるように絵もあわせて描いている。

　子どもたちが互いに刺激を受け合うことができる環境をつくるためには，文字を使うこと，文字で伝えることについて，保育者が子どもたちの遊びのなか

で共通の話題となるように，子どもたち に言葉の役割を気づかせていくことも大 切な環境となる。

5歳児後半の「かたつむりけんきゅう じょ」づくりでは，「やってます」と書い た木の札を下げて，研究所が開いている か閉まっているかを伝えている（**写真3-4**）。一緒に研究所遊びをしている友達と アイデアを出し合いながら，文字を使って自分たちの意図を伝えようとしてい ることがわかる。このようにして，遊びのなかの文字環境は子どもたちの手に よってもつくられていく。

写真3-4　かたつむりけんきゅうじょ

子どもたちは，園の文化に埋め込まれている文字に刺激を受けながら文字へ の関心を高め，実際に遊びのなかに取り入れることを通して自分のものにして いく。保育者が，文字を遊びへの意欲や期待感につながるように環境の構成を していくことで，子どもたちの遊びを豊かにしていくことができる。

④ 幼児期の読み書き

幼児期から学童期にかけて，子どもたちは生活のなかで多くの語彙を獲得し ながら，基本的な文法の能力も身につけていく。そして，遊びのなかで伝え合 う体験を積み重ねることで，言葉による柔軟なやりとりもできるようになって いく。

文字を書くという行為は，読むこととの関係性は高いが，読めるようになれ ば書けるようになるということではない。幼児期は日常生活のなかで，保護者 や保育者などが読み書きをする姿を見て，その機能や目的に気づく時期であ り，まだ文字は十分に読めないけれども，遊びのなかで「読むふり」，「書くふ り」をしながら読み書きにふれている時期でもある。

「おやつ」という言葉が「お・や・つ」という3つの音に区切ることができ ることは，読む力とも相互に関連している。「しりとり」や「言葉のなかにあ

④ 幼児期の読み書き　63

ることば探し（たとえば，カバンのなかには「カバ」がいる，カメラのなかには「カメ」がいる等）などの言葉遊びは，楽しみながら子どもたちの読む力を育んでいくものとなる。

読み書きの能力は学童期を通じて発達していくが，その基盤は幼児期の遊びや生活のなかに多くある。聞いた言葉の意味を理解して，それに対して自分の考えを伝えるなど，遊びや生活のなかで言葉に関する感覚が芽生えていく。

写真 3-5　動物園の地図

写真 3-5 は，5歳児が動物園へ遠足に行く前に担任が貼っておいた動物園の地図を見ながら，自分でも書いてみようとしている姿である。

文字を追いながら読み，地図を写してから自分が関心をもっている動物のエリアを地図に書き加えている。自分の書いた動物の絵や文を友達に見せ，遠足への期待感を高めていた。

幼児期から児童期にかけては，日常生活のなかで自然と書き言葉の基礎となる話し言葉（コミュニケーション言語）を身につける時期だとされている。多様な環境からの影響を受けながら，周りのおとなや友達と言葉を対話的に使うことで話し言葉が発達し，それが書き言葉の発達の基礎となる。

幼児期の子どもたちにとっては，正しく話す，正しく書くことよりも，読むことや書くことがコミュニケーションのための有効な表現手段であることへの理解が芽生えることのほうが大切となる。

❺ 言葉による伝え合い

通信技術やインターネットの普及によって，子どもたちを取り巻く環境は大きく変化している。ごっこ遊びのなかでもスマートフォンをつくり，画面をフリックしながら食材を探し，ネットショップに注文するといった姿をみることがある。子どもたちは日常的に「言葉でない情報」のやりとりを目にし，それ

らを自分たちの生活に取り入れている。しかし，幼児期の子どもたちにとって最も自然で言葉による伝え合い，生活の中心となるのはコミュニケーション言語（言葉による伝え合い）である。ここでは，幼児期の言葉による伝え合いについて考えていく。

事例5 「もっと振って！」（4歳児10月）
　運動会のかけっこで，懸命に走る子どもに保護者が「もっと手を振って！」と声をかけたら，子どもは腕を前後に振って走るのではなく，両手を上に上げて保護者のほうを見てうれしそうに手を振りながら走った。

　言葉の意味は，会話をする相手や，そのときの状況によって変わる。この場合，子どもは「ふる」という言葉を聞き，自分なりにその状況で相手が何を意図しているのかを理解しようとして手を振っている。決して間違えているわけではない。

　聞き手である子どもは，このように意図を伝えようとしている相手の言葉の意味だけに頼るのではなく，相手の表情や声の調子，周りの状況などの様々な手がかりをもとに，言葉の意味を推測している。幼児期は，自分の知っている言葉の意味を手がかりにしながら，その場の状況に合わせて言葉を理解し，応答しようとしている過程であることを，保育者は理解する必要がある。

　言葉によるやりとりをたくさんすることで，話し手となって伝える楽しさを味わい，聞き手となって相手の意図を理解できた喜びをたくさん経験することができる。そのような環境を構成することが保育者には求められる。同時に，言葉による伝え合いがコミュニケーションのすべてではないことも意識したい。3，4歳児の遊びを見ていると，言葉を交わさなくても同じ場所にいて同じような動きをしながら遊んでいる。言葉はなくても，体の動きや表情などから互いに相手の思いを推測し合い，言葉によらない伝え合いが生まれている。

　それが5歳になると，事例4のようにしだいに互いの遊びのイメージを推測し合い，それらを言葉にしてやりとりをし，互いに確認し合いながら協同的に遊ぶようになっていく。

　次に，保育のなかで保育者が中心となりながら「言葉による伝え合い」が行

❺ 言葉による伝え合い　65

われる場となる降園時の活動について考えていく。

　幼児期は，自分の気持ちを言葉によって表現することができるようになる一方で，自分の気持ちと相手の気持ちを同一視する傾向がある。しかし，徐々に自分と相手の気持ちが異なることに気づき，相手の立場にたってものごとを考えられるようになる移行期でもある。保育者は，幼児期が徐々に他者の心が理解できるようになる移行期であることをふまえつつ，「言葉による伝え合い」を支えることが大切になってくる。

　ここでは各年齢による降園時における保育者の「言葉による伝え合い」の援助について，3歳児については図3-1，4歳児は図3-2，5歳児は図3-3に示す。

・保育者との1対1のやりとりを通して個々の欲求や思いに保育者が共感していく。そして，話し手としての体験を深め，保育者が聞き手の役割を果たし，伝え合いの心地よさが感じられるようにする。
・保育者が個々の発言に共感をする。
　　　　　　　　（保育者：● 子ども：▲）

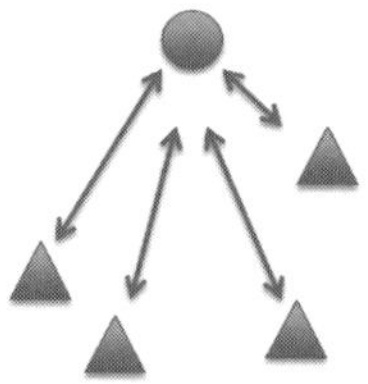

図3-1　3歳児クラスでの降園時における伝え合いのポイント

・個々の発言を受けとめながら周りの子どもにも伝わるように仲立ちをし，伝え合いのよさを感じられるようにする。
・保育者は「Aさんはこうおもっているけれど，Bさんはどうおもう？」と問いを共有化する。
　　　　　　　　（保育者：● 子ども：▲）

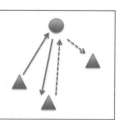

図3-2　4歳児クラスでの降園時における伝え合いのポイント

・友達の考えを直接受けとめながら自分の考えを直接言葉で伝える機会，考える機会がもてるように円形に座る。保育者は話題が共有できるように必要に応じ，自分も伝え合いの輪に入る。
　　　　　　　　（保育者：● 子ども：▲）

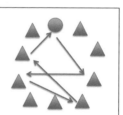

図3-3　5歳児クラスでの降園時における伝え合いのポイント

❻ 保・幼・こ・小の接続で大切にしたいこと

　接続期の保育の場で「言葉」を考える際に大切にしたいのは，子どもたち自身が文字を「読みたいな」「書きたいな」という欲求をもてるような環境を整えることである。そして，子どもたちが遊びを通してどのように言葉に関心をもってきたかを小学校に伝え，保育者と小学校教員間で子どもたちの興味・関心を共有することである。そのためには，保育者は小学校の授業や環境を，小学校教員は保育環境を参観し合うなどの取り組みが大切になってくる。

　小学校以降の教育では，新しい小学校・中学校の学習指導要領（平成29年3月公示）における総則・各教科で「言語活動の充実」が教育内容の改善事項として示されている。これは「幼児期の終わりまでに育ってほしい姿」にある「言葉による伝え合い」にも関連している。これからの社会を担う子どもたちが，対話を通して主体的に学び続けるためには，言葉の役割が大きいということである。

　保育の場は，小学校以降の教育の準備の場ではない。しかし，子どもたちの生活はつながっている。5歳児から小学校1, 2年生にかけての時期は「読むことを学ぶ」時期でもある。そこで，幼児教育では遊びや生活を通しての「言葉による伝え合い」が，小学校教育以降の学びの基礎となるように，また「読むことへの関心」を深めていくことが，接続期の子どもたちの学びにつながっていくことを意識したい。

> **事例6**　おやすみにしたいのだけど（5歳児9月）
> 　アクセサリー屋さんをしていたA児とB児。自分たちのつくったアクセサリーが売り切れてしまう。「もう売り切れです」「いまはお休みです」と言いながら，お店の裏でアクセサリーをつくって準備をする2人。しかし，お客さんが次々と「ください」とやってくる。するとB児が紙とペンを持ってきてA児と相談しながら「へいてん」と書いてお店の前に貼った。

写真3-6　「閉店です」の表示

A児は「へいてん」であることをそのつどお客さんに伝えていたが，毎回言葉で伝えることに困っていた。それを見ていたB児は，これまでの経験から伝えるために文字を使うことが有効であることに気づく。A児の立場に共感したB児は，A児に相談をして文字で知らせる方法を提案した。5歳児の遊びのなかには，対話があることが見えてくる。

言葉に関する家庭との連携

　語彙力・学習意欲を育てる保護者の関わり方について，内田らは，感情と認知の関連の研究などから，おとなが子どもと対等な関係でふれあいを重視し楽しい体験を共有・享受する家庭の子どもの語彙力が豊かになることを明らかにした。そのために必要なこととして「50の文字を覚えるよりも，100の『なんだろう？』を育てたい」[2]という言葉を投げかけている。

　おとなは子どもたちに「聞き手」になることを求めがちである。しかし，子どもたちの言葉は語ることによって育まれる。家庭でも子どもたちに問いを投げかける場面が増えることが，子どもたちの言葉を豊かにするのである。

　ここでは，保護者と子どもとの対話を促す保育者の役割について考えていく。

　たとえば，クラスでグループづくりをした際に，子どもたちには保護者にグループ名が「何に決まったか」ではなく，「どのように決まったか」を伝えるように話す。そして，保護者には「どんな名前に決まったのか」ではなく，「どのように決めたのか」を子どもに聞いてもらうように伝える。そして翌日，子どもを迎える際に，昨日はどんな話ができたかを聞く。

　「（保護者）どんな名前になったの？」，「（子ども）くじらグループだよ」というような直線的なやりとりではなく，「どのような経緯で決まったのか」を話すことで，会話は対話的になってくる。

　子どもが「ほんとはライオンがいいと思っていたけれども，みんなが違うのがいいっていったんだよ」と話せば，親は「そうなの，本当はライオンがいいと思ってたのね」と答えるかもしれない。その会話を通して，子どもは自分が

考えたことを思い出し，再度自分の考えにふれることができる。それは子どもたちが言葉をコミュニケーションの手段だけではなく，考える手段として使うことへの橋渡しにもなる。

　日常的な親子の情報共有手段としての「会話」が，保育の場での体験やその意味を言語化することでさらに深めていくことのできる「対話」になっていく。それが，子どもたちの言語体験をより豊かなものにしていく。

【注】

1）中村牧江・林健造作，福田隆義絵　『ふしぎなナイフ』　福音館書店，1997
2）内田伸子・浜野隆　『世界の子育て格差』　金子書房，2012，p.153

【参考文献】

今井むつみ　『ことばの発達の謎を解く』　ちくまプリマー新書，2013
小林春美・佐々木正人編　『新・子どもたちの言語獲得』　大修館書店，2008
柴崎正行・戸田雅美・秋田喜代美編　『保育内容〈言葉〉』　ミネルヴァ書房，2010
千葉大学教育学部附属幼稚園研究紀要　『多様な体験を生みだす保育環境をめざして―言葉による伝え合いを考える』　2009
秦野悦子編　『ことばの発達入門』　大修館書店，2001
松井智子　『子どものうそ，大人の皮肉』　岩波書店，2013

演習問題

問1. 幼児期の子どもたちの身の回りにある言葉にはどのようなものがあるだろうか。

問2. 幼児期の子どもたちの伝え合いを支えるための保育者の役割にはどのようなものがあるだろうか。

問3. 子どもたちの言葉を育てるために家庭とどのように連携をしていくかについて考えてみよう。

column

「おてて絵本」で遊ぼう

　「おてて絵本」は，絵本作家のサトシンが提唱し広めているコミュニケーション遊び。手のひらを絵本に見立てて，親子で楽しむ絵本のごっこ遊びとして子ども向けのテレビ番組でも取り入れられた遊びである。手のひらを絵本に見立ててお話をつくるので，文字や絵はなく，親子で一緒に会話を楽しみながら自由にお話をつくっていくという特徴がある。

　子どもたちの多くは，乳児期より絵本にふれる体験をもっている。こうした体験や，保育の場での絵本の読み聞かせなどを通して絵本とはどのようなものなのかを学んでいる。絵本とのふれ合いを通して「聞くこと」の楽しさを積み上げてきた子どもたちは，次に言葉で表現することを楽しむようになる。しかし，伝えたい，話したい気持ちと，実際に伝えられる，話せる言葉との間に段差のある時期でもある。そんなときに「おてて絵本」は，子どもたちの心のなかの言葉に足場をかけて外に引き出すことができる遊びとなる。

　「おてて絵本」には，手のひらを絵本に見立てるという誰もが共有できる構造と，自分の言葉を肯定的に受けとめて，言葉の合いの手をいれてくれる保育者との対話のうえに成り立つという安心の基盤がある。そのことで，子どもたちは安心して自分の言葉でお話をつくることができる。また，聞き手が生活をともにする友達であることも，自分が肯定的に受けとめられているという安心感にもつながる。

　言葉の獲得には，聞くことと同時に，話すことも必要である。安心の場で安心の方法で表現ができ，話し手としての自分に出会うことのできる「おてて絵本」は，保育の場でも言葉を使った楽しい遊びとなる。

第**4**章

保育者の専門性と言葉

　本章では，保育者としての専門性や課題について事例をふまえて解説する。保育者が子どもやクラスで用いる言葉と関わり，さらに職場の同僚たちとの協働性のなかで育まれる言葉に着目し，実践の知の特性について述べていきたい。

❶ 子どもの言葉と保育者の役割

　A 先生は保育者として初めて勤務した幼稚園でベテランの保育者とともに３歳児クラスの担任保育者となったときのことを思い出し，次のように述べている。

> **事例1**　**初任保育者 A 先生の経験**
> "私は３歳児クラスを経験したことがなかったので，１日目で衝撃を受けました。３歳児ってこういうふうなんだと。一緒に担当した先生は，３歳児クラスを何度も経験されていたので，説明するときの言葉がとても上手。私が同じように真似して言ってみるのですが，私だとうまくいかないんです。

❶ 子どもの言葉と保育者の役割　71

自分と先輩保育者の保育の違いを見て「ああ，まるで魔法のようだ」と思いました。
　担任になる前の研修時，1日の流れや先輩のやっている仕事などを覚えて，お掃除などもやっていました。それがあったのでだいたいの1日の流れがわかり，4月がすごく楽でした。それでも自分が保育者として立っていない分，見ていてもわかっていない部分がたくさんあって，4月に入ってから「あ，私全然見ていなかった」と反省しました。その場で教材などを思いついてもどこまで出していいのかが初め全然わからなかったんです。おもしろい遊びをしているなと思うだけでその場を終わって，少し経ってから「あれを出しておいてあげればよかった」と思う。その場で行動することのむずかしさを感じました。"

　環境の構成や自分の言葉を意識しながら保育をしようと思うものの，その場で即判断して行動に移すことが困難だったこと，先輩保育者の行動から学び実行しようとするがうまくいかなかったことをA先生は語っていた。

　保育の場では，個々の子どもたちが様々な人，もの，場，空間，事象と関わりそれぞれのストーリーを織り成している。保育者は，その子どもたち一人一人の状況，発達，課題に応じて様々な役割をはたし，援助を行うことが求められる。保育実践の知は，学問的な理論として学んだ知識・一般化された知識と違い，自らの経験から生成・獲得され，実践の場で行動としてはたらくよう保持される知識である。保育者の子どもへのはたらきかけは，実践の知に裏づけられた高い専門性に基づいて行われる。ふだん何気なく人と接しているときには意識しないようなやりとりの間やテンポ，声の大きさや抑揚，タイミング，表情，立ち位置などの身体的動作も保育を行ううえで重要な課題となるのだ。つまり，保育者は子どもにとって身近で重要な人的環境として，自分自身の言葉，関わり，立ち居振る舞いを子どもの視点にたってとらえなおすことが必要である。子どもたちの遊びはクラスや園庭，遊戯室など多様な場所で変化を伴って展開し，しかも同時発生的にいとなまれている。教育上の意図や保育の計画など前もって用意されたものがあったとしても，子どもの思いや活動の流れに沿って即時に判断する即興性も必要とされる。

2017（平成29）年告示の幼稚園教育要領「第1章　第1幼稚園教育の基本」においては，次のように保育者の基本的役割が示されている（コラム「教材を考える」参照）。

要領 P26

> （前略）幼児の主体的な活動が確保されるよう幼児一人一人の行動の理解と予想に基づき，計画的に環境を構成しなければならない。この場合において，教師は，幼児と人やものとの関わりが重要であることを踏まえ，教材を工夫し，物的・空間的環境を構成しなければならない。また，幼児一人一人の活動の場面に応じて，様々な役割を果たし，その活動を豊かにしなければならない。

❷ 子どもの遊びや学びを支える保育者の援助

　子どもの豊かな経験は遊びのなかでどのように得られ，学びへとつながるのだろうか。そのための保育者の援助には何が必要なのだろうか。秋田は「遊ぶ」と「遊びこむ」を分けて考えている[1]。ぶらぶらしたり保育者の主導で子どもが遊ばされている遊び状態がある一方で，「遊びこむ」とは集中・没入している状態であり，子どもたちならではの発想によって遊びが展開継続している過程にある状態，そして遊びの素材を使いこなしわがものとしていく状態であるという。そのためには，十二分の量や工夫によって深められる素材の質が保証され，おとなから見て一見無駄にも思える繰り返しの時間やもの，空間が重要となること，遊びこめる子どもが主体的に探求し学びこめる子どもへとつながるのではないかということを指摘している。保育のなかの事例で考えてみよう。

> **事例2**　**橋をつくりたい（4歳児）**
> 　園庭に穴が掘られ，木の板がかかっていた。男児Aがジャンプして穴を飛び越え，何度か繰り返したあと，部屋から大きなダンボールを引きずりながら運んでくる。大きすぎるので四苦八苦しながらダンボールを折ろうとしている（「これを，このところに」とつぶやいている。担任保育者は別の場所にいたが，A児のそばに来て見守っている様子）。しばらく試みているが

❷ 子どもの遊びや学びを支える保育者の援助　73

どうもうまくいかずＡ児の思うようにいかないようである。

　Ａ児は保育者のそばに行き「先生，橋をつくりたい」と言う。保育者は「あの板みたいに？　いいね，このダンボールでつくるの？　少し大きいね，切ってみる？」と言葉をかける。すると，Ａ児は部屋からはさみを持ってきて，それで切ろうとする。そのまましばらく取り組んでいるがうまくいかない。保育者は「大きいから，前に使ったダンボールカッターのほうがいいね」とＡ児と一緒に取りに行く。保育者がダンボールを支え，Ａ児が切り始める。「何やってるの？」と数人の男児が来て，一人が「持っててあげる」とダンボールを支え子ども同士で「ここまで切る」と言い合いながら切っていく（保育者は様子をみつつ離れる）。

　ダンボールを切ると，Ａ児は溝にダンボールをかぶせ，渡ろうとする。しかし，上に乗ると重みで落ちてしまう。するとＡ児は部屋からガムテープを持ってくる（またそばに来た保育者が穴にいる子どもとやりとりをしながらさり気なく様子を見守る）。Ａ児はガムテープを使って地面にダンボールを貼り付けようとするが，ガムテープは外れてしまう。繰り返すＡ児。保育者が「貼ってみる？」と確認し，一緒に地面に敷いてあるビニールの敷物と貼り合わせてみるがうまくいかない。

　一方，Ａ児の様子をそばで見ていた女児Ｂもあまったダンボールを溝にかぶせる。上に乗ると落ちてしまうので，もう一つの丸太の椅子を運び込み中に入れ，その上にダンボールをかぶせる。その様子をじっとみていたＡ児に，保育者は「重しをすると外れないかもしれないね」と提案する。すると，Ａ児はそばにあった丸太椅子を端に置いてみる。しかし今度は長さが足らず，もう片方が落ちてしまうためガムテープで貼ろうとするがどうも思い通りにいかない。Ａ児はＢ児を真似て，丸太椅子を落としその上にダンボールをかぶせうまく渡ることができた。何度か繰り返し満足したのか，Ａ児は別の場所でほかの男児と遊び始める。Ａ児がいなくなったあとにＢ児がＡ児のつくった橋を渡って試してみる姿もあった。

保育者によると，おとなの考えではガムテープを地面に貼っても取れるので
はないかと事前に予想していたが，A児にとっては保育室で今まで遊んだ経験
がありダンボールを切ったり貼ったりした際になじんだ道具（はさみやガムテー
プ）をここでまた試しているのだと思い大切にしたかったという。没頭して遊
んでいるとき，しばしば子どもは無口になる。あるいは，ぶつぶつとつぶやい
たり，急にはっとしたように「これを，こうして」としゃべりだすこともある。
試行錯誤しながらじっくりと考え，やってみたいことを確認したり言葉にする
子どもの姿に対し，保育者は自分の言葉をひかえ選んで関わることを意識した
という。また，子ども同士で見合ってやってみる姿，声をかけあい力を借りる
姿もあったので，保育者がその場にいることが必要かどうか考え，見守ったり
あえて離れたりもしたと述べていた。

　新たに発見したり夢中になって取り組んでいることは言葉にして人に伝えた
くなる。しだいに遊びが深まり，楽しんで遊びこんでいる姿を共有しあうため
の実践を紹介してみたい。

● 事例3　クラスのみんなに伝えたいこと（5歳児）

　ある園の5歳児クラスでは，絵本コーナーのそばに子どもが好きな絵本
のタイトルを模造紙に書いて掲示し紹介するポスターが貼られている。最初
は保育者が子どもから聞き取って書いていたが，そのうち字が書ける子ども
はどんどん自分で書いていく。家から絵本を持ってきて紹介する子どももい
た。また，朝の会や降園前の集まりで，話したいことがある人の発表時間が
設けられた。

　家で廃材を利用し電車をつくってきた男児Cは勢いよく皆の前に出てき
たが，いざ前に立つと恥ずかしそうにしている。少しの間の後，C児は牛
乳パックの電車をかざす。保育者は電車を皆に見えるように向けながら「○
○線の電車，そっくりだね。何かC君にきいてみたいことがある人はいま
すか？」と尋ねる。皆口々に話しだすが先生が「しい」と穏やかに人差し指
を立てるとC児が質問者を選ぶのを待つ。C児がD児を指すと，D児は立
ち上がり「どうやって貼ったんですか」と尋ねる。C児は「セロハンテー
プです」と小さな声で言う。保育者は「セロハンテープを，外にこうやって
貼るのは簡単だけど，中からとめるのは大変だったんだって」と身振り手振

---

❷ 子どもの遊びや学びを支える保育者の援助　　75

りもふまえて補足すると，子どもたちも中をのぞきこむ。保育者「つくったのは何個目かな」。Ｃ児「100個」。子どもたちから驚きの声があがる。保育者「全部つなげたらすごい長さになるね。ここからここまでいくかな？（部屋の長さを示す）」と聞くとうなずくＣ児。Ｅ児「幼稚園ぐらいの長さになるんじゃないの？」保育者「そうだね，今度数えて教えてください」。皆から拍手をもらい，満足そうに席に着くＣ児。保育者「次に話したい人はいますか？」と聞くとたくさんの手があがる。

　Ｆ児「あやとりです」と前で紐を見せる。保育者が「みんな質問はありますか？」と投げかけるとＦ児が指名したＧ児が「何をつくりますか」と聞くが，声が小さくて聞き取れない。保育者「もう少し大きな声で言ってみよう」と促す。質問を聞き取ったＦ児は前でしばらくあやとりをやってみせる（しばらく悩んでやっていたが四角ができた）。Ｆ児「四角です」。保育者「最近，あやとりをいろいろと練習しているんだって」。

　保育者は遊びこんでいる子どもの姿を理解し，一人一人が何を伝えたいのか，製作物などはどの部分を工夫したかを補足しながら，子ども同士が伝え合い見合える場を設けている。子どもが伝えたいが十分に伝えきれないでいることも補って言葉にしているが，保育者自身が発表を実践してみせ，伝え方を教えるモデルとしての役割も果たしている。前で発表する子どもに対し，保育者の立ち位置はどこにすればよいだろうか。発表する子どもと同じ前に立つ場合もあれば，聞く側にまわって後ろにいる場合もある。保育者の言葉での関わりだけでなく，姿が子どもからどのように見えているか，十分に意識したい場面である。

> **事例4**　ジュース屋さん「昨日のシェイクの色は何だっけ？」（5歳児）
> 　5歳児クラスでは，行事としてお店屋さんを開き，看板をつくったりチラシをつくってお客さんを呼びこんだり，本物のジュースとクリームを塗ってつくったケーキを年少の子どもに配るという経験をした。行事後，ジュースづくりは自由な遊びのなかで毎日行われている。
> 　絵の具をまぜた色水をつくってぶどうジュースにしたり，草木やお花紙をちぎったものなどいろいろなものを混ぜてみたりしていたが，石鹸クリーム

をケーキの生クリームに見立てた遊びからジュースにいれて発展し，シェイクづくりをする子どもが現れた。「もっと濃くしたい」「私，お花紙4枚いれた」など，他児のジュース・シェイクを見たり，やりとりを交わしたりしながら机の上で夢中になってやっている。ある子どもが「昨日のシェイクの色，何だっけ？」と投げかける。「もっと濃いよ」「違う色だよ」「そうかな」「あー違う！　なんで」など，互いに口々に言い合う。すると，保育者が「昨日はこんな色だったよ」と写真を見せる。「あ，もっと濃い。もうちょっと入れよう」など，写真を手元に置き慎重に色水を入れる。

　子どもたちが時間をかけて様々な素材を入れ試した経験から，色やその濃さに興味を示し，言葉にしていることに保育者は気づいた。ジュースなどつくったものそのものを取っておくこともしていたが，時間がたつと色が変わって残念に思う子どもがいたため，子どもが上手にできたと感じたものや行事当日のものなど，写真で撮影してプリントアウトし，子どもが色を言葉とともに目で確かめながら振り返ることができるように部屋のホワイトボードに貼っておいたという。遊びが継続し発展していく際，言葉だけでなく，子どもが自分で確かめ振り返ることのできる写真を必要に応じて使っていた事例である。

　保育者の関わりには，子どもと温かい関係を築き，長い目でよさや可能性をとらえる共感的・共同的作業者であること，環境を用意し見守り支えること，そして言葉をかけ指導することなど，様々なはたらきがあることがわかる。2017（平成29）年告示の幼稚園教育要領，保育所保育指針，幼保連携型認定こども園教育・保育要領には，各施設の目的を踏まえ，幼児教育において育みた

い3つの資質・能力(すなわち,遊びや生活のなかで,豊かな体験を通じて,何を感じたり,何に気づいたり,何がわかったり,何ができるようになるのかという「知識及び技能の基礎」,気づいたこと,できるようになったことなども使いながら,どう考えたり試したり工夫したり表現したりするかという「思考力,判断力,表現力等の基礎」,心情,意欲,態度が育つなかで,いかによりよい生活を営むかという「学びに向かう力,人間性等」)と「幼児期の終わりまでに育ってほしい姿」として10の姿が示されている。このことは,一人一人の発達プロセスをていねいにみとり,夢中になって遊びこむ"今・このとき"の経験をさらに長い目でとらえて確かめ,方向づけていくことも重要なことだと考えられる。

❸ 保育者の専門性—保育を語る言葉

　保育者は「育て教えること」の専門家であると同時に,子どもや同僚から自分の保育のよさや課題を引き出してもらいながら,それに向き合い互恵的に学んでいく「学びの専門家」でもあるという[2]。保育者の実践の知は,職場集団の文化,同僚性など長期的インフォーマルな関係のなかで形成される。保育者にとって必要なのは子どもや保護者と関わる力だけではなく,同じ職場の同僚と円滑なコミュニケーションを図り協同的に保育を行っていく力,自分自身の実践を省察し,よりよい保育実践を行うために自ら学ぼうとする力も求められている。しかし,こうした力は養成課程を終えた後すぐに獲得可能なのではなく,日々の保育実践を通して,さらに園全体で保育カンファレンスを行ったり,職場の同僚と実践を振り返ったりするなかでだんだんと培われる。このような職場の文化,同僚性のあり様は園独自で醸成されるものである。

　ある園の事例を取り上げてみよう。この園では,職員会議で行事やスケジュールの確認などの情報だけでなく,園の子どもを具体的に思い描きながら,その子の状況を皆で共有し,振り返りながら考えるカンファレンスの場を設け,協働的に記録を作成していく。そして,それをもとに次の保育の計画や援助を検討するという文化をもっている。保育者が保育を語る言葉に着目してみたい。

事例5 職員会議

　職員会議の時間には，それぞれのクラスや学年の状況について保育記録をもとに報告しあう。ある若手の保育者（4歳児クラス担任）から気になる子についての悩みがあがった。

若手保育者：「ちょっと質問いいですか。年中（4歳児クラス）で感じているんですが，○○ちゃんたち女の子たちのなかで，今日は誰と遊ぶから嫌だ，仲間に入れてあげないという言葉があって，悩んでいます。お母さんも，家に遊びに来たりするけれどそういうときは親としてどう対応していいかわからないんですって。（省略）あの子がそういう気持ちになるから，言われたら嫌でしょって，そういうことはきっと彼女たちも十分承知のことだと思うんです。どういうふうにしていってあげれば，仲間関係をちょっと整理してあげたらいいのかなって」

　　　　主任：「やってる側はどういう気持ちなんだろうね」

若手保育者：「なんていうんでしょうか，ちょっと言ってみたいっていうのもあるんでしょうけれど（省略：子どものやりとりについて話す）」

（子どもの気持ちをめぐって，ほかのクラスの担任保育者からも様々に推測する発言があがる）

　保育者D：「自分の身に知識がついてきて試したいというのがあるんじゃないかな。そのときばかりは相手の気持ちを思いやっていない。そういうふうに言われたら相手はどう思うかって言われると，ふっとその人の身にはなれるけれど，言っているときは相手の反応を見ることに夢中なんですよね。試して，相手の出方で相手を知る？」

　保育者E：「友だちのなかでそれで一歩自分がリードしたいという気持ち？」

　　副園長：「どうしてだと思う？」

若手保育者：「どうしてかなって今考えていて…」

　　副園長：「去年皆で考えてきた，子どもの発達を振り返ってみるといいよ。先生に受け入れてもらって，その後，子どもはどうだったっけ？」

❸ 保育者の専門性─保育を語る言葉　　79

> 若手保育者：「自己発揮をしていく」
> 　　副園長：「じゃあ自己発揮をして自己発揮しあった者同士がぶつかるとどうなる？」
> 若手保育者：「けんかになる」
> 　　副園長：「うちの園だと，その後，子どもたちは」
> 若手保育者：「自己主張していく」
> 　　副園長：「3歳児の自己主張と4歳児の自己主張の質が違う」
> 若手保育者：「あ，そうか。すっきりしたという感じ。じゃあ，彼女自身は相手に言われると言い返せなかったり，自分の思っていることを自分のなかにためて処理しちゃっているから。お母さんが今までの育ちのなかでああいうことなかったっておっしゃってすごく心配していらしたんで」
> 　　　主任：「代弁してあげて，間に入ってあげたりして」
> 　　副園長：「○○ちゃんの場合，行動を規制してしまうより，共感してあげたほうがよいかも」
> （話し合いの後，この時期の子どもの姿について，共通の言葉を確認しあい，記録をとる）

　こうしたやりとりでは，経験のある保育者が会話をリードしたり，若手が自分の実践を言葉にできず苦労したり，やりとりを交わしても経験差によって理解が得られていなかったりすることもある。この事例では，主任や副園長が解決方法を提示するだけでなく，やりとりを促し，議論の焦点を絞り，問いを広げ，ともに考えるという協働の場をつくる役割を担っている。こうしたカンファレンスの場を通して，保育者の専門性を高め保育を改善するという目的・課題意識を共有し，記録をもとに振り返り，保育実践を行っていく。

　同じ職場の人と"仲良く"するだけでは，協働的とはいえず，保育の質や保育者としての学びを高めていくうえで不十分である。ときに，保育をめぐって議論となったり，自分の耳に痛い事柄も含まれるかもしれないが，専門家としてよりよい保育の改善に向けて率直に話をし，悩みや問題をともに解決を図ること，そして援助を求め合える信頼関係が重要なのである。そして園全体で，園の方針，カリキュラムを考え共有し，指導計画として具体化することが重要

である。

　保育者が語る言葉は，保育・幼児教育の専門家同士だけで交わすものではなく，保護者やほかの専門機関の人と連携し，保育を知らない人にも伝わるようにしていく必要がある。その一つに，小学校との連携があるだろう。幼児期の遊びを通した学びから小学校以降の教科学習を中心とする学びへの移行について，子どもの発達や学びの連続性を踏まえたカリキュラム，環境や支援のあり方をふまえた滑らかな接続と連携が重要だといわれている。子どもだけでなく，保育者と小学校教師の人事交流の機会，合同活動などが行われることが多いが，相互理解や対話に困難が生じることが報告されている。各々の属する専門性，文化の違いがあるだろう[3]。たとえば，小学校では教科の授業を通した教授学習的学び，子どもとの直接的なコミュニケーションをより重視する傾向があるが，保育者には本章で述べてきたような共感的な子どもの内面理解と評価の在り方，子どもとともに環境を創造していく保育・幼児教育の在り方が求められている。

　言葉によるやりとりは強い印象を与える一方で記憶から消えてしまったり，伝え方によっては誤解を生じさせたりする側面もある。どのようにすれば伝わるのか，保育者がていねいに向き合って考え，直接のやりとりを大切にしながらも写真や映像，その他，様々な媒体を用いて記録し伝えることもできる。ICT（情報通信技術）の発達した今日の社会において，重要な課題だ。日々子どもと接するなかで新たな発見を大切にし，言葉の一つ一つを慈しみ吟味しながら，園内外で保育を語り，保育者としての自分を磨いてほしい。

【注】

1）秋田喜代美　『保育の心もち』　ひかりのくに，2009
2）秋田喜代美　「実践の創造と同僚関係」　佐伯胖・黒崎勲・佐藤学・田中孝彦・浜田寿美男・藤田英典編　『教師像の再構築』　岩波講座6 現代の教育，岩波書店，1998，pp.235-259
3）野口隆子　「幼稚園教諭の専門性と成長―対話の中ではぐくまれる専門性」『初等教育資料』　2007，pp.68-71
4）鳴門教育大学附属幼稚園　「保育の質を問う―遊誘財について考える」『鳴門教育大学附

属幼稚園紀要』　第38集，2004

【参考文献】

野口隆子・鈴木正敏・門田理世・芦田宏・秋田喜代美・小田豊　「教師の語りに用いられる
　語のイメージに関する研究―幼稚園・小学校比較による分析」『教育心理学研究』　55
　（4），2007，pp.457-468

無藤隆・汐見稔幸・砂上史子　『ここがポイント！　3法令ガイドブック』　フレーベル館，
　2017

無藤隆・野口隆子・木村美幸　『絵本の魅力―その編集・実践・研究』　フレーベル館，2017

演 習 問 題

問1. 子ども同士の言葉，子どもとおとな（保育者）の言葉を観察し，記録をとっ
てみよう。発話だけではなく，表情や身振りや体の動きなどの情報もつけ加えな
がら，記録を通してやりとりから感じたことを考察してみよう。そのうえで，子
どもに関する記録をもとに学生同士で話し合いをしてみると，新たな気づきや解
釈が生まれ，自分の視点を振り返るきっかけになる。

問2. 参加実習を経験したら，子どもに対する自分の言葉を振り返ってみよう。そ
の際，自分がどのような状況で，どういう言葉を発したのか，何を考えていたの
か，書きおこしてみることが大切である。

問3. 様々な年齢，キャリアをもつ保育者に，話を聞いてみよう（たとえば保育の
仕事や子どもとの関わり，クラス運営などについて）。クラスのなかで自分が気
づいたこと，疑問に思ったことを聞き，保育の場や保育者のイメージを具体的に
つかむきっかけをつくっていこう。さらに，機会があれば，小学校1年生担任教
師に子どもの姿を聞いてみよう。

問4. 様々な園のホームページや園内の掲示物，手紙などを調べ，子どもの姿や保
育の伝え方について考えてみよう。育てたい子どもの姿や保育の流れ，行事，保
育の計画など，園や地域による共通点や違いがみえてくる。

column

教材を考える

　過去に告示された幼稚園教育要領を見てみると，1964（昭和39）年，領域「言語」の指導上留意事項において当時「絵本および紙しばい，スライド，放送などの視聴覚教材を精選し」というような文言があり，教材という言葉も用いられている。しかし，領域「言語」で示された教育目的・ねらい，そしてその内容も当時のものを反映しており，現在の領域「言葉」とは異なっている。その後，1989（平成元）年告示の幼稚園教育要領にはみられていない。

　歴史的変遷をたどると，昔は素話が多く語られていた。明治前期の幼稚園では海外のお話をもとに談話が行われ，また物語よりも作法や修身話などのほうが多かったようだ。1948（昭和23）年の『保育要領』ではたのしい幼児の経験12項目のなかの「お話」として「童話・おとぎ話・詩などを聞かせてやる」とある。1956（昭和31）年には，絵本や紙しばいのほかにラジオ，また劇や幻燈，映画なども表記されており，社会や技術の変化とともに移り変わりをみせている。絵本等の児童文化財についても，今まで紙媒体によって提供されてきたものが技術の進歩とともに電子媒体等の様々な教育媒体として普及している。海外で子ども用の電子書籍を調べた研究によると，ナレーションやゲーム，音がついているものが大半を占めていたそうだ。こうした電子媒体との出会いは子どもにとってどのような影響をもたらすのか，今後の研究が待たれる。

　現在，保育者の役割として「教材を工夫」するとは，子どもが発達のプロセスのなかで身近な環境に関わる姿をていねいに理解し，長期的な見通しをもちながら吟味し精選することが改めて強調されている。さらに幼児期は直接的な体験が重要であること，視聴覚教材やコンピューターなど情報機器の活用には園生活で得がたい体験を補完するなど体験との関連を考慮することが重視されている。

　鳴門教育大学附属幼稚園では，2004（平成16）年から"遊誘財"という言葉を用いて保育を考え広く伝える実践研究を行ってきた[4]。子どもが興味関心をもって遊びにひきつけられるような，遊びに誘う環境を宝としての「財」ととらえ，また"遊誘財"は子どもが遊びこむことで伝承されてきたとしている。

　ものや道具について，おとなの意図・想定を超えた予想外の使い方を子どもがする場合もある。何のため，なぜその「教材」を選ぶのか，子どもにとって「教材」とはどのような意味をもつのか，現代において未来に子どもに伝えていくべき"材"・"財"とは何か，保育者があらためてていねいに考えていきたい。

❸ 保育者の専門性―保育を語る言葉　83

第2部
子どもの言葉を育む保育

第5章

保育環境と言葉

1 伝え合う言葉を育むための保育環境

　子どもの言葉を育むためには，子どものなかに伝えたいという思いが生まれる経験や，自分の思いが伝わる経験，保育者やほかの子どもの言葉を聴くことの喜びを感じる経験などを重ねていくことが必要である。園での生活や遊びのなかで，子どもは様々なことを感じたり考えたりし，そのことを友達や保育者とやりとりを通して伝え合う経験を繰り返すことによって，どのように伝えたらよいのかを考えたり，どうしたら伝わるのかを考えたりするようになる。

1　伝えたい人，伝えたことを受けとめてくれる人がいる環境

　子どもが何かを伝えようと思ったときに，その思いを受けとめて心の拠り所となったり，体験を共有し言葉にしてくれたりする保育者の存在や，様々な言葉を必要とし用いる集団生活，様々な遊びのなかで言葉を交わす仲間の存在な

どは，子どもの伝え合う言葉を育むための重要な環境（人的環境）である[1]。

> **事例1　ごちそうさましたい（1歳児）**
>
> 　ごはんを食べ終わった子どもから，保育者にエプロンを外してもらい，着替えをして午睡のための布団に行って眠る。最後までごはんを食べていたA児は，お茶を飲み終わると，B児のエプロンを外しかたづけようとしている保育者のほうをじーっと見て，自分のエプロンをひっぱっている。A児がエプロンをひっぱっていることに気づいた保育者は「Aちゃん，もうごちそうさまするの？」と言い，A児のエプロンを外した。A児が椅子から立ち上がると，ズボンに米粒がたくさんついているのを保育者は見つけ「Aちゃん，お米がついてるから取ろうね」と声をかけると，A児は保育者に体を預けて米粒を取ってもらう。

　事例のA児はまだはっきりとした言葉で自分の思いを保育者に伝えることはできない。しかし，エプロンを取りたいということ，つまりごちそうさまをしたいということを，動きや視線で保育者に伝えている。また，保育者も，A児の動きや視線に気づき，A児の思いを受けとめてエプロンを外している。保育者はA児に声をかけるときに，「エプロン外したいの？」ではなく「ごちそうさま（ごはんをおしまいに）するの？」と言っており，A児の動きだけを受けとめるのではなくて，その動きの背景にある思いを受けとめていることがわかる。

　子どもが何かを伝えようとしているときに，言葉だけではなく動きや表情からその子の思いに心を向け，思いを受けとめようとすることが大切である。子どもは保育者に自分の思いを受けとめてもらえたと感じることによって，伝えたいことがあるときに安心して気持ちを表すことができる。動きや言葉の意味をそのままを受けとめるのではなく，背景にある思いをていねいに受けとめることで，子どもは自分の思いが伝わったと感じることができ，何かを伝えようという思いへとつながっていく。また，保育者が子どもの声にならない言葉を含めた言葉までもていねいに返していくことで，子どもは自分の思いや相手の思いに気づく経験を重ね，「伝え合う」ための言葉を得ていくことができる。

❶ 伝え合う言葉を育むための保育環境　87

2 伝えたいことが生まれる環境

　伝え合う経験や伝え合うための言葉を豊かにするためには，園生活を通して様々な人と出会う機会や，様々な行事や出来事，状況に応じた言葉の使い方と出会う機会，言葉の楽しさやおもしろさを知る機会，文字に接する機会などが必要である[2]。

> **事例2　やきいもやさんおいしいよ（5歳児）**
>
> 　C児は茶色の画用紙を使って焼き芋をつくり，ホールで焼き芋屋さんをしようとして「やきいも〜やきいも〜」と呼んでいたが誰も買いにきてくれない。そこでC児は，保育室に戻り白い紙に色鉛筆で「やきいもやさんおいしいよ」と書いて，ホールに持っていきテーブルのところに貼った。テーブルに貼っている様子を見ていた保育者がC児に「やきいもやさんに，みんな来てくれるといいねえ」と声をかけると，C児は「やきいも〜」と大きな声を出した。

　事例2のC児は茶色の画用紙を一生懸命にまるめて焼き芋をつくっていた。C児が焼き芋屋さんを宣伝する紙をつくったのは，「焼き芋屋さんに焼き芋を買いに来てほしい」「みんなに焼き芋屋さんをやっていることを知ってもらいたい」という思いがあったからである。最初は，口で焼き芋の宣伝をしていたが，ほかの子どもの耳に届かなかったため，紙に書くことを思いつき，文字という形で伝えようとしている。それを見ていた保育者は，お客さんに来てもらいたいと思っているC児の気持ちを汲み「お客さんくるといいね」と伝えている。

　伝えたい思いがあるからこそ，言葉は育まれていく。事例のC児のように，自分ががんばってつくったものや一生懸命にしたことだからこそ，人に見てもらいたいとか知らせたいという意欲が生まれ，誰かに伝えようとするのである。伝え合う言葉を育んでいくためには，まず，伝えたい思いが生まれるほど充実した遊びや生活ができるようにすることが大切である。そのためには，子どもたちが興味をもち，主体的に遊びや生活を送ることができるような環境

88　第2部　第5章 ★ 保育環境と言葉

を，保育者が構成することが必要になる。また，伝えたい・話を聴きたいと思えるような子どもと保育者・子どもと子どもの関係を育てていくことも重要である。保育者が子ども同士の思いをていねいに聴くこと，また子ども同士のやりとりの際にはお互いの気持ちが伝わるように，ときにはわかりやすい言葉で伝え直したり，耳を傾けて話を聴くことを促したりすることも大切になる。さらに，事例の保育者のように，伝えようとしている子どもの思いに寄り添うことも，子どもの伝えたい思いを大切にしていくことになる。

③ 様々な言葉・伝え方に触れること

伝え合うための言葉を育てていくためには，伝えたいと思う相手との関係，伝えたいと思うようなことがあることに加え，伝えるための言葉に豊かに触れることが大切になる。伝えるといっても，話し言葉を通して伝える，文字を通して伝えるなど，様々な伝え方がある。遊びや生活を通して，様々な伝え方があると気づくことによって思いをいろいろな形で伝えてみようとする姿にもつながっていく。保育者は，子どもたちが豊かな言葉に触れる経験を十分に重ねていけるように，自身が子どもに何かを伝えるときに言葉での表現が多様なものになるように意識することや，児童文化財の選択や見せ方を含め，言葉に関わる教材などの環境を子どもの発達や興味関心に応じて準備することなども必要である。また，自分の思いを伝えることに加え，人の話を聴くことの楽しさを感じられるような機会をつくったりすることも意識したい。

❷ 文字との出会いと文字環境

家庭や園において，絵本を親やきょうだい，保育者と一緒に読んだり，親やきょうだいが読んでいる本や新聞，雑誌をみたり，カレンダーやポスターが貼ってある子どもを取り巻く身近な環境から，子どもたちは自然に文字（書き言葉）という記号の存在に気づくようになる。子どもたちが生活していく社会には，様々な形で文字と出会う環境がうみだされている。また，文字を読むことや書くことができるおとなや友達とともに，活動に参加することにより，文

字に触れ，文字に気づき，文字のルールなどを知り，わかる喜びや使う楽しさから関心をもち，文字に対する感覚を育てていくのである。このように生活や遊びのなかで，周りの人やものと関わりながら文字などに親しみ，必要性が感じられる体験を積み重ね，興味や関心を深め，文字を使用する意味を学んでいく時期である。幼児期なりの文字を読むことや書くことを発達させていくことができるよう配慮し，また，個人差が大きいため，文字などの記号に親しむことができるよう一人一人の発達の姿をふまえていねいに援助し，書き言葉である文字との出会いを体験できるよう環境を工夫することが重要である。

1 園生活における文字との出会い

　園へ入園すると，家庭で生活していたときとは異なり，自分のもちものや服，くつやかばんを置く場所等すべてに自分の名前が記される。文字はわからなくても自分のもちもの等すべてに同じ形のしるしが記されていることに気づき，集団生活のなかで自分の名前やものを意識し，文字と出会うきっかけが広がるといえる。園生活では，関係の深い文字などに関心をもち，理解することが必要となることを背景に，文字などの記号に親しんでいくことになる。**写真5-1**のように，園では動物や果物等を一人一人の子どもに位置づけ，マークと文字（名前）を並列して示し，文字を読むことができなくてもマークを手がかりに自分の場所を探すことができる等の環境が工夫されている。

　園で過ごしていくうちに，自分や友達のマークと文字の形，クラス名の表記等に気づき，話し言葉と特定の文字が対応していることを知ることは，子どもにとっては驚きや喜びとなる。文字を発見することが喜びになると，**写真5-2**のように昼食中にやきそばの形まで文字にみえて，文字を発見した驚きと喜びを表現したり，散歩中に道路上の「出合いがしら注意」表示をみて「しらい，って書いてあるよ！」と知っている文字のみを読み喜びを伝える等，興味や関心が様々な活動へと広がっていく姿もみられるようになる。多様な文字環境への子どもなりの関わり方を理解し，ていねいに応じていくことがさらなる展開へつながっていくのである。

90　第2部　第5章 ★ 保育環境と言葉

写真 5-1　園での自分のものや場所を
　　　　　あらわす工夫（マークと文字）：
　　　　　0歳クラス「ちゅうりっぷぐみ」

写真 5-2　食事中「やきそばの麺の形」
　　　　　に文字（「し」「く」）を発見し
　　　　　喜び伝える

2　遊びのなかで出会う文字―文字を使う（読む・書く）楽しさや喜びを味わう

　子どもたちは遊びのなかで，絵本を読んだり，手紙を書いたりすることを楽しむ。よくみると，「文字を読んでいるつもり」や「文字を書いているつもり」であることが多く，子どもなりに読んだり書いたりしている。子どもたちは文字という道具を生活のなかで発見し，遊びのなかで自らのものとしていく。

　生活や遊びのなかで，印刷された模様である文字があることや意味があることに気づき，さらに横書きは左から右へ，上から下へ読む方向があること，縦書きは上から下へ，右から左へ読む方向があること等に気づく。日本語には縦書きや横書き，ひらがな，カタカナ等の表記があり，それを子どもたちは遊びのなかで出会い，楽しみながら学んでいくことは，事例3にもみられる。

> **事例3**　絵本の題名の特殊文字に出会い，読むふりと読むための工夫
> 　　　　　（4歳児）
> 　『どんぐりむらのどんぐりえん』の絵本をみて，題名を知っているので声に出して言いながら1文字ずつ指さし読んでいるつもりのD児。次に，保育者が読んだ絵本『ちょっとだけ』を手に取り，表紙を見て「ちょっとだけ

と言いながら題名の文字を指さしていく。しかし「えっ，ちょっとー，どうして？」と何度も何度も指をさしながら読むが文字があまってしまう。保育者も「ちょっ　と　だ　け」と言いながら，1文字ずつ指さそうとするが，「ちょっと」といいながら4回指をさすことはむずかしい。その様子をみていたD児は，しばらくすると「ちょっ」を3本の指で一度にさしたかと思うと，3文字分を指でたどり，「とだけ」は1文字ずつ指さし，工夫して文字があまることなく読み始めた。何度も何度も「ちょっ　と　だ　け」と言いながら繰り返し「ちょっ」を指でたどって「とだけ」を1文字ずつ指をさしている姿をみて，保育者は「なるほどね」と言いD児と顔を見合わせほほえみあった。

日本語の「ひらがな」は，71文字ある（清音45文字・濁音〈がぎぐげご等〉20文字・半濁音〈ぱぴぷぺぽ〉5文字・撥音〈ん〉1文字）。5歳児になれば70％近くの子どもがほぼすべての文字を読み，基本的なひらがなに関しては就学前段階で多くの子どもたちが読めるようになっているという[3]。

　文字の習得には，音と文字を対応させる「音韻意識」（「音韻分解」と「音韻抽出」からなる）が必要であるといわれている[4]。この音韻意識と結びついた遊びには，しりとり，言葉遊び等がある。たとえば「しりとり」では，「こども」という単語は「こ／ど／も」の3つの音からなり（「音韻分解」），最初の音は／こ／，最後の音は／も／がわかること（「音韻抽出」）が必要で，最後の音から始まる単語を考える遊びである。このように，遊びに参加しながらルールを知っている保育者や仲間に足場をかけてもらいながら，音韻意識を自然に高め，発達させていくのである[5]。

　ひらがなは，1文字1音節のものが多く，この関係に気づくと読みの習得は急速に進むが，「特殊音節」が読める子どもの割合は5歳児でも低く（促音〈きって等〉72.9％，長音〈よう等〉55.4％，拗音〈きゃきゅきょ等〉65.7％），清濁音に比べ習得が遅れる[6]。特殊音節は，文字表記と音との関係が1文字1音節対応ではなく，「ちょう」のように2文字1音節で読み方や「よ」を小さく表記する等，異なる学びが必要となりむずかしい。事例3のように，言葉の響きやリズム等の興味や関心を遊びのなかで楽しみながら広げ，文字に関わる感覚を豊

かにすることを心がけ，このような感覚が小学校以降における文字の学習に生きた基盤となることを忘れてはならない。拗音の数え方と関連する遊びとしては，じゃんけんゲーム（「パイナップル，グリコ，チョコレート」）や，人数集めゲーム（「猛獣狩りに行こうよ」）等がある。

　また，生活や遊びのなかで，文字などの記号が果たす役割とその意味を理解するようになると，自分でも文字を使いたいと思うようになる。書くことはむずかしいため自分なりの書き方であることが多いが，行事との関連で文字らしきものを書いたり（**写真5-3**），保育者や友達へ手紙を書き交換したり（**写真5-4**），自分で書いた文字らしきもの（**写真5-5**）を「これ何て書いてある？読んでみて！」と文字を読むことができる人のところへ持ってくることもある。鏡文字もよくみられるが，「文字を書きたい」という気持ちを優先し，文字を使って何かを伝えたいという思いや，伝わってうれしいと喜ぶ気持ちを育て，保育者や友達とのつながりを感じたりすることが重要である。

写真 5-3
七夕行事で短冊へ
願いごとを書く（4歳児）

写真 5-4
保育者と手紙のやりとりをする（4歳児）

写真 5-5
文字らしきものを書く（3歳児）

❷ 文字との出会いと文字環境

> **事例4** オムツに自分で名前らしき文字を書き，登園準備をする（2歳児9か月）
>
> 　0歳クラスから通園しているE児は，毎晩母親が園へもっていくオムツに自分の名前を言いながらペンで書き，準備する姿をみていた。なんでも自分でやってみたいE児は，2歳9か月になったある日，突然ペンをもち自分の名前を言いながらオムツ2枚に名前らしき形（3文字分）を書き（**写真5-6**），それらのオムツを満足そうにリュックに入れ，登園の準備をしていた。
>
>
>
> **写真5-6　オムツに自分の名前の文字らしき形を書き準備をする（2歳児9か月）**

　事例4では，通園し始めてから家庭のなかで日々繰り返されるオムツに自分の名前の文字を書く保護者の姿を見続けて，自分の名前の音に対応して1つずつ異なる形があることに気づき，園で自分のものと伝えるために書いていることがわかっているようである。4歳ころになると何度も文字を見て書こうとする意識が育ち，少しずつ名前等の身近な文字を「文字」として書けるようになっていくといわれている[7]。この事例のように，文字を習得するまでの過程や，その過程における子どもの表現を大切にしながら，読めないけど読みたい，書けないけど書きたいという思いや，わかる喜び，文字を使う楽しさから文字に対する感覚を育てることを意識したい。

　一人一人の文字などとの出会いや関心を把握し，必要性が感じられる体験を重ねるなかで，文字などに親しめるよう保育者は配慮し，何かを伝えたり，人と人がつながりあうために文字があることを自然に感じ取れるよう環境を工夫し，援助していくことが重要である。

③ 保育と児童文化財

　言葉は，身近な人やものとの関わりのなかでしだいに育まれていくものである。絵本や紙芝居などの児童文化財は，子どもにとって新たな言葉や世界と出会う機会となり，保育に欠かせないものである。多様な児童文化財がその特徴をいかし，子どもの発達に応じてどのように位置づけられるのか保育との関連を考えることは重要なことである（コラム参照）。

1 保育における「絵本」との出会い

　絵本は，「絵」や「言葉」が表現された複数の場面から成り立ち，表紙から裏表紙まで読む人（たち）のリズムで「ページをめくり」読み進めていくメディアである。現在，出版されている絵本の種類やジャンル，表現方法，形式，技法は多種多様で，絵本の形やサイズ，重さ，素材，文字の大きさや色合い，印刷するインクもアレルギー対応である等，様々な読み手を配慮し工夫され，読者層も拡大してきている。さらに近年は，電子絵本も登場してきている。

　絵本は1人で読むだけではなく，集団で読みあうこともできる。その場合には，読み手である保育者等が絵本の「文字（書き言葉）」を読み，聴き手である子どもは読み手である保育者等の「声（話し言葉）」を聴きながら，絵本の絵をじっくりみて，両者の関係のもとに絵本世界を一緒に楽しむことができる。

　言葉を十分に話したり読んだりすることができない乳児も，読み手である保育者等との関係のなかで絵本（絵，文字）と出会う。話し言葉に耳を傾けながら，乳児も身体を用いて絵本へ関わり（ページをめくる，絵を指さす等）絵本世界と自分が生活している現実世界を対応させることを繰り返し楽しみ，しだいに絵本世界から想像世界へ広げ，新たな活動を展開していくようになる。

　絵本は対話性の高いメディアであり，保育の集団生活の場において絵本を読むこと・読みあうこと，絵本をつくることをどのように位置づけていくのか，保育者の援助や環境構成を含め，0・1・2歳児の保育のニーズが高まる現在，子どもの発達に応じて乳児期から位置づけていくことが重要である。

2 発達に応じた絵本との出会い

「乳児保育（1歳未満児の保育）」は，愛情豊かに応答的に行われることが特に必要であり，乳児は身近な人やものとの直接的な関わりを通して，感覚によりその意味や性質，特徴などをとらえていく。絵本に対しても乳児は，見たり，触ったり，探索したり，身体を使いながら自ら関わり，興味や関心を高めていくのである。

> ◤事例5◢　**絵本の絵をみて，なめる！？（0歳児）**
>
> 　0歳9か月のF児は，絵本の絵をじっくりみて，その後，絵を手で触り，つかもうとしたかと思うと，口を近づけなめた。そのとき一緒に読みあっていた保育者は，F児が口を近づけなめた絵へ注目しよくみてみた。すると，緑色や赤色のイチゴの絵がページ一面に描かれていたが，そのなかでも赤色の熟したイチゴの絵」を手でつかもうとし，口を近づけ食べようとしていたことに気づく。そのことに気づいた保育者は，「赤いイチゴおいしそうだね！この前食べた赤いイチゴ甘かったね」とうれしそうに語りかけ，顔を見合わせほほえみあっていた。

　事例5をみると，F児は言葉では一言も語らないが，生活のなかでイチゴを食べた経験をふまえ，本物のイチゴであるかのようにイチゴの絵を目で見て，手で触りつかもうとし，口を近づけてなめたのである。絵本を単にさわったりなめたりしているととらえるのではなく，事例の保育者は子どもなりの行動の意味をみいだすために，何に注目していたのか絵をみたことにより，たくさんあるイチゴのなかから赤くて甘いイチゴを選び食べようとした行動であると気づいた。このように共有経験をもとに子どもの行動を把握し応答したことにより，子どもにとっても伝わった喜びへとつながり，両者にとってもほほえみあう楽しい絵本の読みあいとなったのである。

　言葉での伝え合いが中心となる前の乳児保育における絵本場面では，事例5のように生活のなかで出会ったものと同じように絵本の絵を「手で探索する行動（たたく，つかもうとする，こする等）」がみられるが，9か月ころからは減少

96　第2部　第5章 ✦ 保育環境と言葉

し,「指さす行動」がみられるようになる[8)][9)]。特に「絵を指さす行動」は,子どもが絵は現実のものとは違うことに気づき,つかんだりすることができないことがわかったサインであり,「絵とは何かを理解したことを示す行動」である。また,絵本を読んでいるときには一緒に読みあっている人へ,興味や関心のあるところ（絵）を伝え,やりとりをする際に重要な役割を果たす行動である。これらの行動へていねいに応答することにより身近な人と心通わせる経験が,身の回りの環境への興味や好奇心を引き出し,さらなる行動の意欲を育てていくことになる。

　こうした経験を積み重ね,絵本に親しむことにより,言葉に対する感覚を豊かにしていく。やがて言葉の発達とともに,これらの行動よりも言葉（話し言葉・書き言葉）を中心としたやりとりへと変化し,言葉で伝え合うことの喜びや,言葉により身近な保育者や友達と心を通わせることへとつながっていくのである。

幼児期になると,保育者や友達と一緒に読むなかで興味をもちじっくりと見て聴き入りながら絵本に親しみ,自分（たち）の経験と結びつけ,想像する楽しさを味わうようになり,豊かなイメージを広げていくようになる。絵本の言葉の響きやリズムを楽しみながら,新しい言葉や表現に触れ,子どもなりの話し言葉や書き言葉（文字）に対する興味や関心を大切に,言葉に対する感覚を養えるよう配慮することが必要である（第2節参照）。

　具体的な場面における一人一人の子どもの発達や発達過程,興味を考慮し,絵本などの児童文化財を選定していくことに留意したい。

❹ 伝え合う言葉を育む環境構成と指導計画,評価と改善

1　伝え合う言葉を育む指導計画

　子どもたちは日々の生活や遊びにおいて,絵本や紙芝居などの児童文化財や保育者や友達と言葉を交わすなかで,様々な言葉に触れ,言葉を豊かにしてい

く。保育者は，子どもの発達や興味・関心，各園の教育課程・全体的な計画に基づき作成した指導計画を踏まえ，遊びを通して総合的な指導を行う。言葉についてもほかの領域と相互に関連をもちながら，総合的に指導されていくものであり，言葉の領域の視点だけで，子どもの言葉の育ちを促していくというものではないということには留意したい。第1節で述べたように，言葉を育んでいくうえで，伝えたい人が必要であるという点では，領域の人間関係の視点が必要になる。また，伝えたいことがあるという点では，人間関係のほかの領域の視点も意識する必要がある。特に，文字に興味・関心をもつことについては，文字に興味や関心をもつことだけに焦点を当てるのではなく，文字を読んだり書いたりすることが子どもの生活や遊びにおける必要感に基づくものとなるように意識することが大切である。

　表5-1は，5つの園の年間指導計画のうち，5歳児11・12月を中心とした（園により期の区切り方が異なる）指導計画の，保育内容言葉の領域に関わるねらいと内容の抜粋である。どのようなことが書いてあるのかを見てみると，主に，友達など人との関わりのなかで思いを伝え合うこと（A・B・C・E園），絵本や物語に親しむこと（A・B・D・E園），文字を知り遊びに取り入れること（B園）が記載されている。

　そして，同じ年齢・時期でも，どのようなねらいや内容を，どのような文言で記載するのかは園や保育者の考え方によって異なっている。さらに，同じ園や保育者でも，年によって子どもが変わるため，指導や援助においてどのようなことに重点を置くのかは異なってくる。そのため，子どもの興味・関心や経験・発達など子どもの姿をしっかりととらえながら，指導計画を作成していく視点を忘れないようにしたい。

　指導計画は，保育を行ううえでの見通しとなるものであるからこそ，各園やクラスにおいて，言葉を育むうえでどのようなことを大切にしていくのかを考え，それを反映させていくことが重要である。

表 5-1 指導計画における言葉の育ちと関わるねらいと内容

A園 (5歳児11・12月)	B園 (5歳児9〜12月)	C園 (5歳児6〜12月)	D園 (5歳児9〜12月)	E園 (5歳児11・12月)
○友達と遊びを進めるなかで思いや考えを出し合ってよさを認めていく。 ○遊びのなかで自分の考えやイメージを出し、相手の考えも受け入れながら共通の目的をもってそれに向かって協力しあって進める楽しさを味わう。 ・友達と遊びを進めるなかで互いの考えを伝え合いイメージを豊かにする。 ・絵本や物語などに親しみ表現する楽しさを味わう。	・自分の想像したものを体の動きや言葉で表現したり、興味をもった話や出来事を演じたり楽しむ。 ・絵本や童話、長編物語などに親しみ、そのおもしろさがわかり想像して楽しむ。 ・文字が自分たちの表現したいことを伝える手段であることを知り、取り入れて遊ぶ。	○友達と考えを出し合いながら遊びを進めていく。 ・いざこざの場面で自分の考えを相手に伝えようとする。 ・様々な友達に目を向けたり友達のよさを認めたりする。	・絵本やお話を聞いたり、経験したことを喜んで話したり、聞いたりする。	○思ったこと、考えたことをいろいろな方法で表現する。 ・目的をもち、友達と相談したり役割を分担したりして遊ぶ。 ・絵本などの話の内容を理解して聞き、イメージを広げる。

2 言葉を育む物的環境の多様性

　言葉を育むうえで、子どもが伝えたい思いや内容を受けとめたり、伝えたいことを整理したりする保育者や、充実した遊びや生活をともにする仲間という人的環境が重要である。それに加え、言葉を育んでいくうえでは、物語に親しんだり文字に触れたりできるような児童文化財や、文字に関心をもったり触れたりできるような機会や物的環境を、子どもの発達に応じて構成していくことも大切である。物的環境の構成は、保育者が子どもにどのような経験をしてほしいのか、どのように育ってほしいのかといった願いや意図が含まれている。

　たとえば、ある園では、子どもたちが話し合いをする際には、保育者がホワイトボードや模造紙・画用紙などを使用し、子どもたちの意見を視覚的に整理していくといったことをしている。5歳児がお泊まり保育で何をするのかを数

❹ 伝え合う言葉を育む環境構成と指導計画、評価と改善　99

日かけて話し合う際に，保育者が子どもからの意見をひとつずつ紙に書いていく。話し合いが終わったあとには，壁の「お泊まり保育でしたいこと」コーナーに写真などの資料とともに貼っている。そのような環境構成により，子どもたちが話し合いの過程をいつでも見ることができ，話し合いの内容を思い出したりイメージしながら話し合うことができる。

　また，絵本コーナーも各園で工夫がなされている。たとえば，保育者が子どもたちに読んでほしい絵本を選び，表紙が見えるように絵本棚に並べる。その月の季節や行事に関わる絵本を花や人形などと一緒に飾る。子どもたちがゆったりと絵本を読めるようにマットや椅子・ソファなどを置いたりなどするなどである。このように子どもが絵本や図鑑等に手を伸ばしたくなったり安心して親しむことができるようにするなど[10]，保育者は工夫をしている（**写真 5-7，写真 5-8**）。

　また，子どもが文字に親しむための環境についても，様々な工夫がある。たとえば，ものの名前や言葉を集める活動を通してオリジナルのあいうえお表やカルタを作成する。文字を鉛筆で書くためには鉛筆の握り方や筆圧など，手先の発達に応じた段階が必要であることから，文字を鉛筆で書くだけではなくスタンプを使って紙に字を押すことができるコーナーを設置したりするなどである（**写真 5-9**）。

　それから，同じ活動でも保育者の願いによって環境の構成が変わる例をあげる。5歳児の2クラスが，鉛筆や色鉛筆で白い紙に，友達や保護者への手紙を書いていく「お手紙ごっこ」をしていた。一つのクラスでは，机ごとに1～2枚のあいうえお表を置き，1枚を3～4人で一緒に見たり話し合ったりしながら手紙を書いていた（**写真 5-10**）。そして，もう一つのクラスでは，1人につき1枚のあいうえお表が配られ，一人一人があいうえお表を見ながら手紙を書き，書き方がわからないときは，保育者にお手本を書いてもらい，それを見て書いていた。

　前者のクラスの保育者は，友達と一緒に文字に親しむ楽しさを味わってほしいという願いを，後者のクラスの保育者は，個々に文字と向き合う過程を大切にしてほしいという願いをもっていたと考えられる。このように，保育者の願

写真 5-7 絵本コーナー

写真 5-8 表紙が見えるように並べた絵本棚

写真 5-9 あいうえお表と文字スタンプ

写真 5-10 3〜4人で一緒に手紙を書く

いや意図が環境に込められることによって，どのように文字に親しむのかという過程や経験が，変わってくるのである。

3 指導計画・環境構成と実践・評価

　指導計画は保育者が見通しをもち，その時期に子どもたちに経験してほしいことを意識しながら保育するためのものである。そのため，実践においては，指導計画を念頭に置きながらも，実際の子どもの興味・関心や状況に応じて臨機応変に環境の再構成や，指導・援助をすることが求められる。

　そして，実践後は，子どもの経験や育ち・行った保育についての評価を行う。評価は，「ねらい」を達成できた・できなかったということをチェックすると

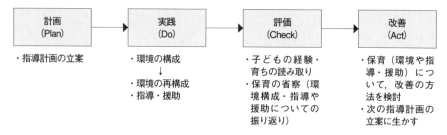

図 5-1　PDCA サイクル

いうよりも，ねらいに関わる子どもの経験をていねいに読み取ることや，環境構成や自らの指導・援助が子どもの経験にとってどうだったのか（どのような意味をもっていたのか）を考えることが重要である。たとえば，「遊びのなかで自分の思いを友達に伝える」というねらいであれば，どのようなときにどのような言葉や表情・動きなどで伝えていたのか，またそのときの子どもの思いはどのようなものだったのだろうか，といったことや，環境構成や指導・援助（保育者自身の言葉）は子どもにとって自分の思いを伝えられるものになっていたどろうかということを，記録をとおして省察することになる。

　その評価・振り返りを，次の指導計画を立てていく際のねらい・内容や，実践に生かしていくことが大切である。計画を作成し，それをもとに環境を構成したうえで実践を行い，省察や評価の結果を次の計画に生かしていくという循環的な過程を意識していきたい（図 5-1）。

【注】
1) 高杉自子・戸田雅美・柴崎正行編　『保育内容「言葉」』　ミネルヴァ書房，2001
2) 高杉自子・戸田雅美・柴崎正行編　『保育内容「言葉」』　ミネルヴァ書房，2001
3) 高橋登　「36 章　読み書き能力」　田島信元・岩立志津夫・長崎勤編　『新・発達心理学ハンドブック』　福村出版，2016，pp.407-416
4) 天野清　『子どものかな文字の習得過程』　秋山書店，1986
5) 高橋登　「幼児のことば遊びの発達—"しりとり"を可能にする条件の分析」　『発達心理学研究』　8，1997，pp.42-52
6) 島村直己・三神廣子　「幼児のひらがなの習得—国立国語研究所の 1967 年の調査との比較を通して」　『教育心理学研究』　42，1994，pp.70-76

7）東洋 「幼児期における文字の獲得過程とその環境的要因の影響に関する研究」 科学研究費補助金研究成果報告書，1995
8）菅井洋子 『乳幼児期の絵本場面における共同活動に関する発達研究―共同注意の指さしからの探究』 風間書房，2012
9）Pierroutsakos, S.L., & DeLoache J.S., Infant's manual exploration of pictorial objects varying in realism, *Infancy*, 4, 2003, pp.141-156.
10）秋田喜代美・小田豊・芦田宏・鈴木正敏・門田理世・野口隆子・箕輪潤子・淀川裕美（こども未来財団 「保育 プロセスの質」 研究プロジェクト 「子どもの経験から振り返る保育プロセス―明日のより良い保育のために 実践事例集」）

―― 演習問題 ――

問1．実習などで行った園では，絵本や文字に親しむために，どのような環境が構成されていただろうか。

問2．問1．についてなぜそのような環境を構成したのか，保育者の意図（ねがい・思い）について考えてみよう。

問3．子どもの言葉を豊かにするために，あなたが保育者ならばどのようなことを意識したり，工夫するだろうか。

column

保育における児童文化財「紙芝居」の位置づけ

　紙芝居は，日本で誕生した文化財であり，観客がみる画面に絵が描かれ，裏側に演じ手のために文字（文や抜き方，演じ方：演出ノート）が書かれている。現在の形式の紙芝居は，1930（昭和5）年に登場した街頭紙芝居から始まり，大衆文化，児童文化のなかで育ってきたといわれている。いまや人と人が直接関わり対話ができるコミュニケーション・メディアとして注目を集め，乳児から高齢者までと対象や場，さらに「KAMISHIBAI」として世界へも広がりをみせている。

　「芝居」と呼ぶように，演じ手がいて1枚1枚右側へ画面を「抜き」抜いた画面を「さしこむ」ことをくり返しながら演じ，観客と向き合いやりとりをし，集団で楽しむところに特徴がある。紙芝居の絵は，観客からみて左側に動き，遠くからみることができることが考慮されている。演じ手は，引き抜き方や画面の動かし方，間の取り方，声の出し方や語り方等，リズムやテンポを観客にあわせることが重要となる。

　2017（平成29）年告示の「保育所保育指針」，「幼保連携型認定こども園教育・保育要領」の〈第2章　保育の内容〉「1歳以上3歳未満児の保育に関わるねらい及び内容」の「言葉」の内容に「④絵本や紙芝居を楽しみ，簡単な言葉を繰り返したり，模倣をしたりして遊ぶ」と，紙芝居が取り上げられ記載されている。身近な保育教材ではあるが，集団へ演じるために誕生し，その場にいる人たちが一緒に参加できる紙芝居として紙芝居づくりも含め，保育の場に位置づけていくことが期待されている。子どもにとって，絵本や紙芝居等の文化財とのかかわりが，どのような言葉（話し言葉・書き言葉）との出会いややりとりへとつながっていくのか，第3節の絵本等と比較しながら，実際に手にとり楽しみながら文化財の特徴（絵，文字，演じ方等）や，発達に応じた援助や環境構成を考えてみよう。

第 6 章

遊びと生活のなかの言葉

❶ 乳幼児期の遊びと生活のなかの言葉

　保育の場で仲間と心地よく過ごすために必要な言葉は，知識として獲得されるものではない。乳児期からの日々の遊びや生活のなかで他者との直接的なやりとりを通して，身体的・情緒的に子どものなかに刻み込まれていくものである。遊びと生活のなかの言葉について，保育の様々な場面から考えてみたい。

1 遊びや生活に必要な言葉

　登園してくる子どもと保育者が，最初に交わす言葉は朝の挨拶だろう。保育者のあたたかい親しみを込めた挨拶によって，子どもたちは安心して園での生活をスタートすることができる。朝の挨拶の姿から，いつもとは異なる子どもの様子に気づいたり，成長を感じたりする。慌ただしい朝の時間だが，子ども一人一人とていねいに挨拶を交わすことを大切にしたい。降園時も，時間に追われがちになる場面だが，気持ちよく帰りの挨拶をすることで，その日のうれ

しいことも嫌なことも，"また明日"の楽しみにつなげていくことができる。

　集まりの場面では，自分の名前を呼ばれると返事をしたり，5歳児が「当番」
として前で挨拶をしたりする姿もある。遊びはじめると，「貸して」，「入れて」，
「どうぞ」，「ありがとう」，「ごめんね」，「順番」といった言葉が子どもたちか
らも保育者からも多く聞かれる。挨拶やこうした言葉の意味は，保育者や友達
とともに生活することを通して，子どもたちに徐々に理解されていく。

　言葉自体を知っていて発音できても，実際のやりとりの場面では，様々な理
由からなかなか言葉として出てこないこともある。これらの言葉は子どもに無
理に言わせるものではないし，生活の場面を離れて練習するものではない。他
者に対する親しみや思いやり気持ちがこうした言葉の源となっていることを忘
れず，言葉が自然と出てくるような雰囲気をつくったり，保育者の声を重ねた
り，子どもの言葉を待ったりなど，その場の状況や子ども一人一人の課題に応
じて，形式的ではない言葉のやりとりを大切にしていきたい。

　ここで，かたづけから昼食に向かう1歳児クラスの様子を見てみたい。

▶事例1　**クルクルー！（1歳児クラス）**

　ままごとの玩具で遊んでいた子どもたち。保育者が「そろそろおかたづけ
しよう」と言い，かたづける箱を出すと，「ないなーい」「よいしょ」と言い
ながら保育者と一緒に玩具を箱の中にしまっていく。次に保育者が「チッチ
行こう」と子どもたちをトイレに誘うが，A児は「ない！」（1歳）と言っ
て行こうとしない。「ちー」と言う保育者の声とともに，トイレでおしっこ
ができたB児（1歳）。オムツの腰の部分が丸まっているのを見つけた保育
者が，「Bちゃん，オムツがクルクルしてる」と言うと，「クルクルー！」と
言って，B児がその場で回り出す。

　昼食の時間になる。C児（2歳）は，「なっとぅ！（納豆）」とうれしそう
に言い，保育者に「先生なっとぅ好き？」と聞く。保育者が「大好きよ。A
ちゃんも納豆好きよね」と言う。C児が「なっとぅ好き？」とA児に聞くと，
A児はうなずく。C児はコーンを指でつまみ，「ポーイ」と言いながら床に
落とす。保育者は，「C君，ポイポイしないよ。コーン食べて！」と声をか
ける。D児（2歳）は「おかわりくーだーしゃい」と保育者に伝えている。

106　第2部　第6章 ★ 遊びと生活のなかの言葉

事例の1歳児クラスの子どもたちは，かたづけや排泄，食事の場面で使われる簡単な言葉を理解し，自分から動いたり，思いを言葉にしたりしている。また，「ないなーい」，「よいしょ」と言いながらかたづけたり，「クルクル」という言葉に思わず回り出したり，「ちー」という言葉とともに用を足したり，「ぽーい」と言いながらものを落としたりする姿からは，生活や遊びのなかの様々な動きと言葉が一体化していること，言葉が身体的なものであることがわかる。また，好きなもの，嫌いなこと，してほしいことなどといった子どもの情緒が，生活に必要な言葉の理解や発話を支えていることも理解できるだろう。

2　自分の思いを伝える言葉

　乳児も，表情や身振りで様々な感情を表す。言葉ではなく，笑ったり，泣いたりすることでも，自分の思いは他者に伝わる。発達が進むにつれ，「いやだー！」と言いながら地団太を踏んで泣く（2歳）など，身体の表現に言葉がともなうようになり，5歳児ともなると，泣くのをぐっとこらえながら，言葉で自分の思いを伝えようとする姿も出てくる。また，自分の思いを直接伝えるのではなく，間接的に訴えることもある。たとえば，ダンボールの汽車に入った子どもの「もうすぐ発車します！」と，保育者に向けられた大きな声からは，「先生，一緒に遊ぼう」という思いが読み取れるだろう。

　ただし，誰に対しても自分の思いを伝えられるわけではない。保育の場では，「うれしいことを先生に伝えたい」，「困ったらきっと先生が助けてくれる」といった保育者に対する親しみや安心感があるからこそ，子どもたちは自分の思いを保育者に伝えようとする。それは，子ども同士でも同様である。

　あるとき，使っていた玩具を友達に取られて泣きそうになっている子どもに，「嫌だったら嫌って言っていいのよ」と保育者が声をかけると，「だって，お口がかたくなっちゃうんだもん」と，3歳の女児が答えた。悲しさや悔しさ，戸惑いや怒りは，子どもの身体をこわばらせ，言葉を遠ざけるときもある。しかし，他者と関わって生きていくうえで，自分の思いを他者にわかるように伝えることは大切な力である。保育者は，言葉にできない子どもの思いに寄り添

❶ 乳幼児期の遊びと生活のなかの言葉　107

いながら，言葉で思いを伝え合える子ども同士の関係を築いていく必要がある。

③ 出来事を他者に伝える言葉

　3歳を過ぎると，自分の思いとともに，経験した様々な出来事を自分なりの言葉で保育者に伝えたり，説明したりする子どもの姿がよくみられるようになる。以下は3歳児のかたづけの場面である。

> **事例2**　ドーンってしたの（3歳児クラス）
> 　「先生！」と頬をふくらませて走ってきたE児。「どうしたの？」と保育者が聞くと，「あのね，F君がね，Eがせっかく書いたプリンセスの絵をね，F君に見てほしくてね，見てってしたのにね，Eのことドーンってしたの」と話す。保育者が，「そうなの？」と聞くと，「そうなの。ドーンってしたの，Eのこと」と，口をとがらせる。

　こうした場面は，3歳児以上のクラスではよくみられる。もし，この場にF児がいたら，「だって，かたづけの時間だから，かたづけてほしかったの」などと言うかもしれない。こうした言葉は「告げ口」や「言い訳」とよばれるかもしれない。「告げ口」や「言い訳」というと否定的にとらえられがちだが，他者の視点を獲得しているからこそ出てくる言葉である。つまり，自分がある出来事をどのように言葉にするかによって，聞き手がその出来事をどのように受けとめるか，自分をどのように評価するかが変わることに気づくようになったからこそ，「告げ口」や「言い訳」ができるのである。

　意図的であれ，無意図的であれ，言葉によって出来事は色づけされていく。5歳児ともなると，かなり巧みに言葉を使う子どもも増えるため，そのような子どもが出来事をつくりあげてしまい，ほかの子どもが経験したこと，感じたことがなかなか保育者に伝わらないこともある。

　また，子どもたちは，客観的・科学的な事実とは異なる話をよくする。だからといって，「うそ」として答められるものばかりではない。たとえば，「トマトさんにお水あげたらね，もうお腹いっぱいって言ったの」という子どもの言

108　第2部　第6章 ★ 遊びと生活のなかの言葉

葉は，決して「うそ」ではなく，子どもがその通りに感じ，とらえた事実にほかならない。むしろ，こうした言葉からは，ものや出来事に対する子どもたちの感受性の豊かさに気づかされる。次の事例からも考えてみたい。

> **事例3** **クジラ釣っちゃった！（4歳児クラス）**
> 　G児は，「オレね，パパとじゃぶじゃぶ池でザリガニ釣ったんだよ！　3匹も！」と，得意げな様子でうれしそうに言う。H児は，「オレなんてね，前ね，10匹，20匹ザリガニ釣ったよ！　大きいやつ」と，少しムキになりながら言う。G児は憮然とした表情になり，「どこで釣ったんだよ」と責めるように言う。H児は，「えー，G児が知らないとこ！」と言い返す。すると，I児は，「僕はねー，こないだ海でクジラ釣っちゃった！」と楽しそうに言う。G児とH児は，「クジラかよ！」と言い，3人で笑い合う。

　倉橋惣三は『育ての心』のなかで子どもの「うそ」について論じているが，この事例でザリガニを20匹釣ったと言うH児の言葉は，「自分を飾ることによって優越感を占めようとするみえ」[1]であろう。海でクジラを釣ったと言ったI児は，優越感を得たいというよりも，事実ではない想像の世界を楽しんでいるように思える。倉橋の言うように，子どもの「うそ」は様々であり，言った子どもはもちろん，それを聞いた他者にとって，その「うそ」がどのようなものであるかによって，保育者の関わりも異なってくる。

　保育者は，子どもが語る出来事を実際に見ていないことも少なくない。しかし，何が事実かわからないために援助ができないということではないし，何が事実かをはっきりさせることが必ずしも重要ではないこともある。子どもたちが出来事をどのように語り，受けとめているのか，言葉の背後にある思いや言葉にならない思いを認めたうえで，適切な関わりを考えていきたい。

❶ 乳幼児期の遊びと生活のなかの言葉　109

❷ 様々な遊びと言葉

1 遊びを支える言葉

　たとえ言葉がなくとも子どもは遊ぶが，言葉をともなうことで遊びがより楽しくなったり，遊びの世界がより確かなものになったりすることもある。
　ある日，3歳児が「ざー，ざー」と言いながら，画用紙にクレヨンで縦に何本も線を描き，「雨！」とうれしそうに保育者に見せに行った。何かを描いたり，つくったりして遊ぶ際にも，内言なり外言なり，言葉をともなうことで，描いているものやつくっているものが，子ども自身により確かなものとして，手ごたえをもって感じられるようになる。ここでは，「ざー」という言葉によって，クレヨンの線が雨として子どものなかに確かに存在するようになり，それを保育者と共有することに喜びを感じている。
　ごっこ遊びに代表されるような想像の世界を楽しむ遊びでは，言葉や身振りが想像の世界をつくっていく。たとえば，男児が「変身！」と言ってポーズを決めるだけで，男児の存在はヒーローに変わり，ヒーローごっこの世界がつくられる。また，言葉によって想像の世界を仲間と共有することもできる。

> **事例4　フーフーしてね（4歳児クラス）**
> 　ままごとをする女児3人。母親役のJ児が，「ご飯できたわよ。熱いからフーフーしてね」と言って積み木の乗ったお皿を差し出すと，子ども役のK児とL児は，「いただきます！　フーフー」と言い，その積み木を食べる真似をする。

　ここでは，母親役のJ児の言葉によって，K児やL児にとっても，その積み木が熱い食べものとして存在するようになり，それに応じた言動をしている。言葉のやりとりがごっこの世界を創造すると同時に，それを仲間同士で共有することを可能にしている。
　また，ごっこ遊びで役になりきった言葉は，セリフとも言うが，事例の女児たちのセリフは，現実の食事場面での，母親や保育者との典型的なやりとりを

模倣したものであろう。こうしたセリフは，ごっこの世界をよりそれらしく，楽しいものにする言葉である。

　しかし，遊びの世界と言葉は支え合う関係ばかりではない。次の事例をみてみよう。

> **事例5**　**これ何屋さん？（3歳児クラス）**
>
> 　ホールでは，5歳児がアイスクリーム屋さんを開店し，3歳児がそれを買いに来ている。アイスクリームを選んで受け取る列に並んで品物を受け取ったのち，会計のレジに再度並ぶ。
>
> 　そうした購入の流れや，イートインスペースの再現にこだわりがある5歳児。しかし，3歳児は品物を受け取ってすぐにお金を出そうとしたり，食べようとする。5歳児に，「お持ち帰りですか？」と言われて返答に困ったり，「お会計はあちらです。あちらの列に並んでください」，「あちらで食べてください」と言われ，どうすればいいかわからず戸惑う子どももおり，保育者が一緒に並んだり，声をかけたりしている。アイスクリーム屋さんを楽しみにしていたM児は，会計の列に並びながら，「これ何屋さん？」と，保育者に聞いている。

　5歳児は，購入の流れや店員のセリフまでをアイスクリーム屋さんとして再現したかったのだろう。しかし，3歳児にとっては，「お会計はあちらです」「あちらで食べてください」などの5歳児の言葉が，何をイメージしているのかよくわからず，どうすればよいのか戸惑っている子どもが多かった。

　5歳児にとっては，アイスクリーム屋さんごっこを店員になりきって楽しむためには，こうしたセリフが必要だったのだろう。しかし，3歳児にとっては，このような言葉とアイスクリーム屋さんのイメージがつながらず，かえってごっこの世界が不安定なものになってしまっている。

　このように，言葉があることで，イメージのずれが生じ，かえって遊びが行きづまってしまう場合もある。逆に，言葉のやりとりはなくとも，イメージが仲間と重なり，遊びが深まっていく場合もあり，言葉が活発に交わされているからといって，遊びが充実しているとは一概には言えないことに注意したい。

❷ 様々な遊びと言葉　111

2 ごっこ遊びをめぐる言葉のやりとり

さらに，ごっこ遊びで交わされる様々な言葉について考えていきたい。

> **事例6 もうさよならなの（3歳児クラス）**
>
> 　N児とO児は廊下に出て，「キュアハニー！」，「キュアラブリー！」と呼び合い，名乗ってポーズをとったりしている。いつも「キュアプリンセス」になって2人と遊んでいるP児は，今日はブロックをして遊んでいる。そこへN児が来て，「Pちゃん，それ終わったら私と一緒に戦ってくれる？」とP児に言う。P児が何も言わずにブロックをしていると，N児が，「キュアプリンセスの力が必要なの！」，「戦わなければいけないの！」と言う。P児が「ちょっと待って」とブロックをしながら言い，N児も「わかった，待ってる」と言うが，すぐには終らない。N児はさらに，「事件が起こったわ！」とP児を急かすように言うが，P児は何も言わずにずっとブロックをしているので，N児は仕方なくO児が待っている外へ行く。
>
> 　なかなか来ないN児をジャングルジムで待っていたO児。O児は怒っているようで，N児の「お待たせ」にも言葉を返さない。N児もO児の様子をしばらくだまって見ていたが，「キュアハニー！　行くわよ！」と突然言って走り出す。O児は少し追いかけるが急に立ち止まり，「もう，さよならなの」と大げさにN児に言い，反対方向へ歩きはじめる。

　ごっこ遊びのなかでは，ごっこの役の名前で友達をよぶことが多い。この事例では，N児やO児ではなく，「キュアラブリー」，「キュアハニー」，とよび合っていた。こうしたよびかけは，セリフと同様に想像の世界で何かになりきる楽しさを存分に味わう言葉でもある。しかし，この日のP児は「キュアプリンセス」ではなかった。

　そんなP児に対し，N児はN児として，「Pちゃん」とよびかけ，P児を遊びに誘うが，P児の気持ちはプリキュアに向かない。そこで，言葉によってP児を「キュアプリンセス」に変え，プリキュアごっこの世界へ引き込もうと，「キュアプリンセスの力が必要なの！」などと言うが，P児はP児のまま「ちょっと待って」と言う。そこでN児は，「事件が起こったわ！」と，キュ

112　第2部　第6章 ✾ 遊びと生活のなかの言葉

アプリンセスにならねばならない状況を言葉でつくろうとするが，これもＰ児をキュアプリンセスに変えることはできなかった。

　一方，キュアハニーとしてキュアラブリーを待っていたＯ児だったが，なかなかキュアラブリーが来ないために，現実のＯ児としてＮ児に対する怒りが芽生えていた。その怒りを感じたＮ児は，Ｏ児の怒りを消し，ごっこの世界にとどまらせようと，「キュアハニー！　行くわよ！」と言う。キュアハニーというよびかけに身体が動いたＯ児だったが，Ｎ児に対する不満は消えなかったようで，キュアハニーのセリフとして「もうさよならなの」と言い，キュアハニーかつＯ児として，キュアラブリーにもＮ児にも，別れを告げている。

　このように，ごっこ遊びをめぐる言葉は，想像の世界を楽しむものだけではない。事例からも，セリフの形態をとることで，ごっこの世界を維持しながら，現実の自分の思いを実現させようとしたり，相手に思いを伝えようとしたりしていることがわかる。このような想像の世界と現実の世界とのはざまで交わされるやりとりによって，言葉の深みや力を子どもたちも無意識のうちに感じているのではないだろうか。

３　ルールのある遊びと言葉

　年長になるにつれ，鬼ごっこやドッジボール，サッカーなど，集団で遊ぶ姿がよくみられるようになる。こうした遊びは，あらかじめ決められたルールがあり，仲間でルールを共有し，守ることが求められる。こうしたいわゆるルールのある遊びではどのような言葉がみられるか，次の事例を見てみたい。

> **事例7**　遊んでたからだよ！（5歳児クラス）
> 　チーム分けをして，ドッジボールを始める男児たち。「当たってない！」「当たった！」，「今のは顔面セーフだよ」，「ワンバン！（ワンバウンドだからセーフ）」と言い合ったりし，当たっても外野に行こうとしない子どももいる。外野にいたＱ児とＲ児は，なかなか外野にボールがまわらないためか，倒れこんでじゃれ合ったり，追いかけ合ったりしはじめる。
> 　保育者が，「Ｑちゃん，遊んでていいの？　チームじゃないの？」とＱ児に声をかける。もう一方の外野にいたＳ児は地面の砂をいじっている。そ

❷ 様々な遊びと言葉　113

> こにボールが飛んでいくが，S児は気づかず，内野からT児が出てボールを取ってしまう。保育者が「外野のボールなのに取っていいの？」と言うと，「S児が遊んでたからだよ！」とT児が言う。

　内野の子どもはボールに当たれば外野に行くことがルールである。この事例は5歳児であり，ルールを守らなかったり勝手に変えたりすることは「ずるい」ことであることもわかっているため，「顔面セーフ」，「ワンバン」という言葉で，外野に行かなくてもいい正当な理由を主張している。また，こうした集団遊びは「勝手にやめない」という暗黙のルールがあることも多い。外野の子どもは，ボールのやりとりに参加できない時間も多く，ほかの遊びへと誘われていくことも多いが，こうした仲間に対して，ドッジボールではないことで「遊んでいる」と言って不満をぶつける子どももいる。
　このように，ルールをめぐって様々なやりとりが交わされるが，勝ちたい，負けたくないという子どもたちの思いの現われでもある。しかし，言葉で強く主張できる子どもにとって都合のよいルールとなってしまっては，みんなで楽しむことはむずかしくなる。遊びを始める前にルールの共有化を図ることに加え，遊びのなかで子どもたちの思いを調整していくことも，保育者の役割として求められる。

3 言葉のリズムや響き・言葉遊び

1 言葉のリズムや響きを感じる・楽しむ

　言葉は言葉の内にリズムや響きをもっている。日本語と英語ではリズムや響きが異なるし，いわゆる方言や，昔話の語り口なども独特なリズムや響きがある。言葉のリズムや響きからは，美しさやおもしろさ，懐かしさが感じられる。
　言葉のリズムや響きは，人間の身体や情緒に直接伝わっていく。乳児に，「ワンワン」，「ないない」などの幼児語を使って話しかけるのも，乳児に伝わりやすい語句のリズムがあるからだろう。遊びや生活のなかでも，「いーれーて」，

「○○するひとこの指とまれ！」など，リズムをつけて言うことで，「いーいーよ」と返したり，思わず集まってくるという子どもの姿はよくみられる。

　言葉の意味がよくわからなくとも，そのリズムや響きの魅力から，使ってみたい，言ってみたい言葉もある。なかには，「嫌い」や「ずるい」など "強い" 言葉や，「うんち」や「おっぱい」など "下品" な言葉の力もわかってきて，それを使ってみたくなる場合もある。次の事例を見てみよう。

> **事例8**　**あんまり大好きじゃない（3歳児クラス）**
> 　昼食時，給食のインゲンを見て，「インゲン大っ嫌い！」と言うU児。「大っ嫌い！」「トマト大っ嫌い！」など，「大っ嫌い」と楽しそうに言う子どもたち。それを聞いていた保育者が，「大っ嫌いってなんだかいやだな。つくってくれた人が聞いたら悲しいな」と言う。後日，給食の献立はインゲンの胡麻和え。U児は，保育者に「あんまり大好きじゃない……」と言う。保育者は，「じゃあ，少しにしておこうね」と，少なめにインゲンをよそう。

　「大っ嫌い」も聞き手に強く作用する言葉であり，聞いて心地よいものではなく，響きを楽しむ言葉ではないだろう。保育者も，インゲンを食べたくない気持ちは認めつつも，「大っ嫌い」という言葉について，「なんだかいや」，「悲しい」と，聞いた人の思いを伝えた。U児は，保育者の言葉を聞いて，後日，インゲンが苦手であることを「大嫌い」ではなく，「あんまり大好きじゃない」という自分なりの言葉で伝えていた。

　自分が感じたことや考えたことをどのように言葉にするかによって，聞き手の印象も変わると同時に，自分の知覚（物事に対する感覚や意味づけ）も変わる。事例のU児にとっても，インゲンが「大嫌い」なものではなく，「あんまり大好きじゃない」ものへと微妙に変わっているはずである。言葉が豊かになることは知識として語彙が増えるだけではなく，物事に対する感覚を豊かにすることでもある。よく言われるように，日本語には雨や風を表す言葉がたくさんあることも，日本人の雨や風に対する感覚の豊かさの現われである。

　このように，言葉のリズムや響きが異なれば，たとえ意味が似ていたとしても，その言葉の伝わり方や響き方が身体的・情緒的に異なる。子どもの豊かな

❸ 言葉のリズムや響き・言葉遊び　115

感覚，豊かな表現を培うためにも，どのような言葉を大切にしたいか，言葉の
リズムや響きという観点からも考えていきたい。

②　様々な言葉遊びを楽しむ

前節では，様々な遊びで使われる言葉について考えたが，言葉自体のリズム
や響きのおもしろさで遊ぶことも多い。次の事例を見てみよう。

事例9　ひょう

　雹が降った次の日。5歳児のV児が，「ひょうすごかったね！」と言うと，
近くにいた3歳児のW児が不思議そうな顔をして，「V君，動物園行った
の？」と言う。5歳児のX児が，「動物のヒョウじゃなくて，空から降って
くる雹！　氷みたいで，当たるとケガしちゃうんだよ」と言う。4歳児のY
児は「ひょー！」と言って，おどけたポーズをとる。「ひょー！」「ひょうが
うひょー！」と子どもたちで笑いながら言い合う。

　この事例では，仲間との会話から，空から降る「雹」と動物の「ヒョウ」が
どちらも「ひょう」という音であることに気づき，さらに「ひょー」という擬
態語が自然と重なり，音の響きで遊んでいる。これは，同じ音や似た音の言葉
を使って遊ぶ，しゃれである。

　そのほかにも，逆さ言葉や回文，早口言葉，なぞなぞやクイズ，しりとりで
遊ぶことも言葉遊びである。言葉遊びを楽しむわらべうたや絵本も数多くあ
る。言葉遊びに親しむ環境を整えたり，保育者が伝える機会をもったりするこ
とで，子どもたちは，言葉のおもしろさや不思議さを味わう。アイスクリーム
を食べながら，「あっちゃんあがつくアイスクリーム，いっちゃんいがつく
……」[2]と，絵本のフレーズをリズムをつけて言ったり，「木はね，き（黄）だ
けど，色は緑なんだよ」とつぶやいたりと，子どもたちの遊びや生活は言葉に
よって彩られ，言葉から新たな気づきも生まれていく。保育者自身も子どもと
一緒に言葉遊びを楽しみながら，言葉の美しさやおもしろさ，不思議さを伝え
ていきたい。

116　第2部　第6章 ★ 遊びと生活のなかの言葉

4 子どもの発達をふまえた遊びや生活と指導援助の実際

1 自分なりの言葉

　保育では，正しい言葉やむずかしい言葉を獲得させることではなく，子ども一人一人の自分なりの言葉を育むことが重要である。自分なりの言葉を育むためには，こうした言葉を受けとめ支える保育者の存在と援助が欠かせない。乳児の泣きや笑いも，ある意味で自分なりの言葉である。短い言葉であったり，発音や文法があいまいであったり，「ただいま」を「おかえり」と言うなど，状況に応じた適切な使い方ではなかったとしても，子どもから出てきた言葉は，子どもの自分なりの言葉にほかならない。こうした言葉をまるごと受けとめる保育者との信頼関係が，子どもにとっての自分なりの言葉が育っていく基盤となる。

> **事例10**　「どうぞ」（3歳児クラス）
>
> 　3歳になり，散歩先の公園で，ブランコで遊ぶa児。b児が来て，「やりたい」，「替わって」と言うが，a児はなかなか替わろうとしない。背中を押していた保育者が，「順番こね。aくん，10数えたら替わろうね」と言い，みんなで「1，2，3…10！　おまけのおまけのきしゃぽっぽ……」と歌いながら数える。歌い終わると，少し間を置いたあと，a児はブランコをこぐのをやめ，止まったブランコからゆっくり降りて，「どうぞ」とb児に言う。b児は小さな声で「ありがとう」と言う。

　a児は，替わりたくないという思いを無言でブランコに乗り続けることで表している。最後には自分から「どうぞ」と言って交替したが，言葉が出てくるまでの少しの間からも，まだ乗りたかったけれど交替しなければいけない，といったa児の葛藤が読み取れる。この事例では，保育者がa児を無理には降ろさず，a児の気持ちが少しずつ替わることを信じながら待ったことで，a児は自分からの言葉として「どうぞ」を言った。だからこそ，b児の「ありがとう」

によって，a児は「どうぞ」という言葉だけではなく，葛藤しながらも譲った自分自身の存在までもが受けとめられた感覚になったのではないだろうか。このように，子どもの思いに寄り添う姿勢や，子どもを信頼する保育者のまなざしによって，子どもの言葉は育っていき，子ども同士の言葉のやりとりも支えられていく。

　幼児クラスの担任を数年していた保育者が，久しぶりに乳児クラスの担任になったときに，「いかに自分の保育が言葉中心になっていたか，言葉だけで子どもたちを動かそうとしていたかに気づかされた」と話していた。年齢があがるにともない，言葉に対する理解力や話す力が増すと，保育者は子どもに言葉で指示したり提案したり，子どもに対して言葉で説明することを求めたりすることが増える。

　しかし，形式的な言葉のやりとりに終始したり，言葉に反射的に応答することを求めるだけでは，言葉の育ちと一体化しているはずの情緒の育ちや，言葉を身体的に受けとめたり味わったりする力を育むことにはつながらず，自分なりの言葉も育っていかない。言葉の育ちは，心と身体の育ちと密接につながっていることを忘れず，子どもとともに，保育者としての自分なりの言葉も磨いていく姿勢をもち続けたい。

② 言葉に対する感受性

　すでにふれたように，子どもの年齢があがるにつれ，保育者と子どものあいだでも言葉でのコミュニケーションが増える。たとえば，いざこざの場面では，保育者が子どもに状況の説明を求めたり，理由を聞いたり，互いの思いを調整したり，解決に導いたりといった援助を言葉で行うことも多い。しかし，こうした言葉によって，かえって子どもの気持ちが追い詰められたり，混乱したりしてしまう場合もある。次の事例を見てみよう。

事例11　（5歳児）
　遊戯室でc児とハリーポッターごっこで遊んでいたはずのd児とe児が怒って外へ行こうとしている。「ハリーポッターはおしまいなの？」と実習

118　第2部　第6章 ✴ 遊びと生活のなかの言葉

生が聞くと、「だってc君追いかけてばっかりだもん！」とd児が言う。実習生は遊戯室にいるc児を見つけ、「dちゃんとeちゃん，もうハリーポッターやめるって言ってるけどどうして？」と聞くと，「知らない！　もうあの2人いれない！」と言う。実習生は「2人のところへ行こう」と言い，しぶるc児をd児たちのもとへ連れて行く。

　「どうしてcくんと遊びたくなくなっちゃったのか，お話しできる？」と実習生が言うと，「あのね，cくんが追いかけてくるからね，そんなのハリーポッターごっこじゃないし，cくん途中でいなくなっちゃったから，もういいやって思ったの」とd児が話す。実習生がc児に，「2人とも本当はハリーポッターごっこやりたくて，c君のこと待ってたのよ」と言うが，c児は「もうハリーポッターやらない！」と返す。実習生が，「どうして？　ハリーポッター楽しかったじゃない」と言うと，d児は，「dも楽しかった！　でもcくんがいないとハリーポッターごっこじゃなくなっちゃう」と言う。しかし，c児は，「そんなの信じない！」と声を荒げる。

　d児とe児が，「じゃあ，もういいよ！」とその場を離れようとすると，c児がd児たちをたたこうとする。それを見ていた担任の先生が，「cくん！それはおかしいと思う」，「少し一人で考えてみて」とc児に言う。c児はテラスに座り，真顔で一点を見つめたまま動かずにいる。d児は，「また明日になったら，楽しい夢見たら，忘れちゃうよ。またハリーポッターできる」と実習生に言って，e児と保育室へ戻って行く。

　かたづけの時間になるが，動かないc児のところへd児とe児が来て，「これcくんの」と，ハリーポッターごっこで使っていたホウキとボウシを渡す。c児は何も言わないがうれしそうに受け取り，「猫になれ！」とd児とe児に魔法をかける。

　この実習生は，c児たちのいざこざを解決しようと，当事者である3人を対面させる状況を設定し，遊びをやめた理由を聞いたり，相手の思いを伝えようとはたらきかけている。しかしc児からすれば，こうした言葉によって自分が責められている思いになったのだろう。気持ちはより硬くなり，相手の言葉を受け入れることができなくなっている。最終的に身体で攻撃しようとしたが，c児にとってはそうせざるをえなくなるような状況であったのだろう。そこで担任保育者が行ったことは，言葉でc児を問いただすことではなく，c児が一

❹ 子どもの発達をふまえた遊びや生活と指導援助の実際　119

人で考える時間と空間を与えたことだった。

　その後の子どもたちの言動からすると，子ども同士で調整できたであろう思いの衝突を実習生の言葉によって必要以上に大事にしてしまい，余計こじらせているようにも感じられる。

　教育学者ヴァン・マーネンは，「何を言うべきか言わざるべきか，何を注意すべきか，何を言わないで見過ごすべきか」[3]といった教育的思慮深さが教育者には求められると述べる。適切な"言葉かけ"は，保育で求められることの一つであるが，そのためには言葉に対する感受性を保育者自身が養っていくことが必要ではないだろうか。

【注】
1）倉橋惣三　『育ての心（上）』　フレーベル館，1988，p.144
2）さいとうしのぶ　『あっちゃんあがつく』　リーブル，2001
3）ヴァン・マーネン著，岡崎美智子・大池美也子・中野和光訳　『教育のトーン』　ゆみる出版，2003，p.12

【参考文献】
文部科学省　「幼稚園教育要領解説」　2018
厚生労働省　「保育所保育指針解説」　2018
内閣府・文部科学省・厚生労働省　『幼保連携型認定こども園教育・保育要領解説』　2018

演 習 問 題

問1. 子どもが遊びのなかでどのような言葉を使っているか，観察してみよう。さらに，その言葉が遊びのなかでどのような役割を果たしているか考えてみよう。

問2. 言葉遊びを楽しむ絵本を探し，仲間と読み合ってみよう。また，絵本の続きやほかのバリエーションを考え，発表し合ってみよう。

問3. 保育者の言葉に着目して保育を観察し，具体的な事例から，保育者の援助の意図を言葉の領域の観点から考えてみよう。

column

保育者の役割と言葉

・・・

　子どもたちは，保育の場で家庭とは違うたくさんの言葉に出会う。保育者との出会いは，保育者の言葉との出会いでもある。家で子どもが保育者になりきって，幼稚園ごっこや保育園ごっこをしている，という話も保護者からよく聞く。保育者そっくりの言い方で友だちを諭したりする姿もよくみられる。保育者自身がよく使う言い回しやイントネーションなどだけではなく，その言葉を使うときの保育者の思いまで模倣しているように感じられることも多い。

　あるとき，進級直後の３歳児クラスで，３月生まれで体格も小さい女児に対して，ある男児が「ちっちゃい！　ちっちゃい！」と言い，女児が泣き出してしまうことがあった。そこへ別の男児が来て，「違うよ，ちっちゃいはかわいいんだよ！」と言うと，女児は泣き止み，「ちっちゃいはかわいい」と言ってもらえたことのうれしさを帰って母親に伝えた，という事例があった。「ちっちゃいはかわいい」と言った男児の母親によれば，２歳児クラスのときの担任保育者が，０・１歳の子どもたちを見て，「ちっちゃいね」「かわいいね」と優しく言っているのを見て，男児も真似をしたのではないか，とのことだった。

　この男児にとって，「ちっちゃい」という言葉は相手をさげすむような否定的な意味ではなく，相手に対する愛おしさや親しみを示す意味をもっていたのだろう。男児のなかにこのような意味が育まれたのは，「ちっちゃい」という言葉とともに小さきものに対する保育者の愛情や優しさを感じていたからにほかならない。

　保育者は子どものモデルとしての役割を担っており，子どもは，保育者が使う言葉の意味を情緒的・身体的に知っていく。それは，語彙が増えるということではなく，モノやコトをどのように意味づけるのかということである。子どもたちは，保育者からたくさんの言葉とともに，その言葉にのせられた思いを受け取っている。

　言葉はモノやコトの見え方，感じ方を変える力をもっている。言葉は自分の世界を豊かにもするし，貧しくもする。保育者が使う言葉は，子ども自身の世界に影響を与えることを忘れず，自分自身が話している言葉を今一度振り返ってみてほしい。

❹ 子どもの発達をふまえた遊びや生活と指導援助の実際　121

第7章

言葉の問題と援助

1 領域「言葉」についての特別な配慮や支援

1 はじめに

2017（平成29）年3月に告示された幼稚園教育要領では，改訂の大きなポイントの一つとして「海外から帰国した幼児や生活に必要な日本語の習得に困難のある幼児の幼稚園生活への適応」という項目が新たに記載されたことに加えて，「特別な配慮を必要とする幼児への指導」についてより大きく取り上げられるようになった。

この背景には，この10年間での発達障害に関わる医学や心理学等の進展，社会におけるノーマライゼーションの理念の浸透等により，障害の概念や範囲が変化してきていることがある。小学校以上の統計であるが，特別支援教育の対象となる児童生徒は約22万5,000人（全体の約1.4％）となっているという調査があり，また中央教育審議会「今後の特別支援教育の在り方について（最終

122　第2部　第7章 ★ 言葉の問題と援助

報告）」（平成15年3月）によると，小・中学校の通常の学級に在籍している児童生徒のうち，LD（学習障害）・ADHD（注意欠陥・多動性障害）・高機能自閉症により学習や生活の面で特別な教育的支援を必要としている児童生徒が約6％程度の割合で存在する可能性が示されている。

なお「LD・ADHD・高機能自閉症」等の障害は，「発達障害」のカテゴリーであり，高機能自閉症は，現在では「自閉症スペクトラム障害（ASD)」のなかの一部となっている。

これは小学校以上での調査として示された数値であるが，当然，幼児が小学校に進んでいくので，幼児期での調査があれば，これに近い実態が把握できるであろう。

小学校以前については，特別支援学校や特殊学級は少ないので，幼稚園，保育所，幼保連携型認定こども園等（以下，園）では，特別な配慮を必要とする子どもがともに在籍しているなかで，保育者も障害があってもなくてもともに育ち合う包括的な教育（インクルーシブ教育）のために尽力されているはずである。

また，一方では，国際化が進むなかで，海外での勤務から帰国してきた家庭の増加に加えて，様々な国の言語や文化をもつ家庭も増加しており，このような背景のある子どものなかには，生活に必要な日本語の習得に困難を感じている子どもたちがいるだろう。

本章では，家庭や地域・関係機関（医療や福祉，保健等）との連携を構築しながら，誰もが相互に人格と個性を尊重し支え合う共生社会をつくり上げていくために，このような背景のある個々の子ども自身が園生活にスムーズに適応できるように「言葉」やコミュニケーションという視点から特別な配慮や支援について考えることとする。

② 一人一人の特性に応じるために

幼稚園教育要領では「幼児一人一人の特性に応じ，発達の課題に即した指導を行うようにすること」（第1章　総則，第1）とあらかじめ示されているように，「幼児教育の基本」としてすべての子どもを包括して，子どもの一人一人

❶ 領域「言葉」についての特別な配慮や支援　123

の特性に応じることや発達の課題に即することが大前提となっている。幼児期は月齢による個々の発達の差が幅広い時期であり，乳児期からの育成環境も様々である。それゆえに，それぞれの育ちを尊重することから保育は始まる。その上に立って「特別な配慮を必要とする幼児」として新たに項目が示されているのは，「1　はじめに」で述べたように「発達障害」という，いわゆる自閉症スペクトラム障害を中心にした診断のある子どもや，診断はないまでも定型的な発達に比較して，発達が気になる子どもに向けて，特別な配慮や支援が必要な子どもが，園のなかに一定数以上ともに保育を受けているという現状が認識されるようになり，早期からよりきめ細やかな対応が求められるようになったからである。

　このような発達に関わる障害のある子どもに対応する場合は，まずその障害の理解が必要である。そこで自閉症スペクトラム障害についての基礎的な知識を次項にまとめることとする。

3　発達障害（自閉症スペクトラム障害等）について

　発達障害は広い概念であるので，本項では主に自閉症スペクトラム障害に焦点を当てる。

　自閉症スペクトラム障害（ASD：Autism Spectrum Disorder：以下 ASD 児）は，主に DSM-5 という国際的に運用されている疾患や障害を分類する手引を基準に診断されている。この障害特性を簡単にまとめると，「社会的コミュニケーションの障害」と「限定された興味」の 2 つを満たすこととなっている。

　「社会的コミュニケーションの障害」とは，他人への関心が乏しく，人の気持ちを理解するのが苦手なため，関わり方が一方的になってしまったり，会話が成り立たなかったりすることである。また，「限定された興味」とは，自分が決めたルールで同じことを繰り返すことで安定したり，マークや時計やメーターなどにこだわったり，ある部分の感覚がとても敏感で特定の音をいやがって耳をふさいでいたり，靴下をすぐにぬいでしまったりするような状態を示す。幼児期は混乱することが多いので，保育場面では手をかけることが多いが，適切な教育環境や教育的なはたらきかけによって，徐々に落ち着いていき，素

124　第 2 部　第 7 章 ★ 言葉の問題と援助

直で嘘をつかない，意地悪をしない，根気よく取り組める人として社会で自立していく人も多い。

　園は初めての子ども同士の社会である。新しい環境に入園したASD児は，はじめは何をどうしてよいのかわからずに混乱してパニックになったり，クラス集団やクラス環境になじめなかったり，不安定になることが多い。そのため子ども集団から離れて，特定の落ち着ける場を好む姿がみられる。

　また個人差が大きく，その特性の強さ弱さもそれぞれに違う。さらに認知（IQ）面においても高い子どもから低い子どもまで様々である。つまり一概にASD児といっても，まさに一人一人が様々で，保育者は，それぞれの特性に対応しているのが実態である。

　これらの障害の原因は現在でもわかっていない。かつては，親の子育てが原因となっているという心因性が疑われたが，その説は否定されて，現在では脳機能障害だということがはっきりとしている。さらに脳内の神経ネットワーク系に何らかの障害があると考えられていて，学習の基本的な機能である「模倣」に関わるミラーニューロンのシステム障害であるともいわれている。

　定型発達の子どもは，親や家族，保育者や友達の様子を見て模倣しながら，つまり「見よう見真似」で学んでいくことができるが，ASD児はもともと「模倣」する力が弱いうえに，他者に関心を示しにくいので，模倣する体験が積み重なっていかない。当然に「学び」のスピードにも変化が起きてくる。ASD児は新しい場所や日常との変化を嫌うことが多くみられるが，これは，新しい場所では，何をどうすればよいかがわからず（どう過ごしてよいかの学びの蓄積がないので）混乱してしまうからではないかと考えられる。また，他者への関心をもちにくいことから，自分自身を感覚的に刺激して楽しんだり，同じことを何度も繰り返したりすることで，自分の安定をはかろうとすることもある。

❶ 領域「言葉」についての特別な配慮や支援　125

② 特別な配慮を必要とする子どもの園生活適応のための配慮や支援

1 障害のある子どもの保育で大切な考え方について

　どの子どもも健やかに成長していくためには，園が「安心と安定」の場となっていることが大切である。その中心にあるのは，担任をはじめとして子どもに関わる保育者が子どもを受けとめる（受容する）ことから信頼関係を構築することである。そのうえで子どもに対する理解を深め，子どもの気持ちを感じて（幼児理解），相手には何が必要なのかを考える。

　ASD児は園という新しい環境，新しい場面に出会うと，混乱して，大きな声をあげたり泣いたりして，その場にひっくり返ってしまうことがある。そんなときにASD児と関わる保育者は，その状態を回避するためにどうすればよいかを考えたり，安定した場所に居続けさせることで，新たな混乱を回避しようと考えたりすることが多いのではないだろうか。あるいは個々の対応にしても，その子のやりたいことをやらせて，それに共感することで，その子を安心させたり，信頼関係を築いたりすることができると考えがちではないだろうか。またその一方で，保育者はASD児のできないことや困ったことばかりに目が向いてしまい，これを「問題行動」ととらえて，行為の否定や一方的な指導が行われてしまうことはないだろうか。

　幼児教育の基本に述べられている「幼児一人一人の特性に応じ，発達の課題に即した指導を行うようにすること」に立脚した保育は，子どものなかにある可能性を信じ，自己肯定感をもてるようにすることである。保育者が子どもをわかろうとすることは基本だが，ただわかってあげるだけでは，子どもが後に社会で生きていくなかにある困難さを乗り越えることはできない。園での生活に見通しをもたせるなかで，生活スキル（食事，排泄，衣服の着脱，手洗い等の衛生面等）を一つ一つ身につけることを通して自信をもたせて安定をはかっていく。そして，保育者との繰り返しの関わりのなかで，子ども自らが自分の気持ちを相手に伝える手段を獲得し，自分の気持ちを言葉で表現する楽しさを味

126　第2部　第7章 ✴ 言葉の問題と援助

わえるようにしていきたい。また，評価観も保育に大きく影響する。「○○ができない」と上から子どもを評価するのではなく，今，その子どもは何ができるのかを把握して，そこをスタートラインとして，何を願い，どう伸ばしていくのかを考える「個人内評価（個人内差異）」（図7-1）というまなざしをもっていたい。

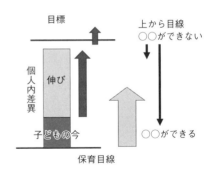

図7-1　個人内評価（個人内差異）

2　行為を言葉でなぞる

「11月に3歳になる息子がおります。4月より入園する幼稚園を探しています。息子はほかの子と比べて発達が遅れており，2歳10か月の現在でも言葉らしい言葉が出てこない状況です（「あ～」「う～」「あわわ」などの喃語らしきものは発します）。また，「おやつだよ」とか「座って食べて」といった簡単な指示は理解できるのですが，「うなずき」や「指さし」など，息子からの意思表示はほとんどありません。たいていの場合は，泣いたり，親の手を引いたりすることで，自分の欲求を伝えます」（母親からの入園相談より）。

さて，この子どもが幼稚園に入園してきたとすると，どのように保育するだろうか。

言葉を獲得していくうえで大切にしたいことは，保育者と子どもの気持ちのキャッチボールである。子どもが喜ぶことを見つけられれば，それをともにしながら，「楽しいね」という気持ちを行き来させる。ここで大切なのは，単に笑顔だけのやりとりだけでなく，遊んでいるなかで，実際に「楽しいね」「うれしいね」「おもしろいね」という言葉を添えることである。気持ちに言葉を乗せていくようにすることである。ともすると，発語のない子どもと遊んでいるときに，楽しさは共有できているのだが，保育者が何も言葉を発していないことがみられる。子どもが感じているであろうこと，思っているだろうことに寄り添いつつ，それを言葉にして行為をなぞり共感するのである。

自分のことをわかってくれる保育者がいることは，子どもの大きな安定の源である。そこに気持ちを「言葉」としてなぞることを繰り返すことによって，徐々に言葉として気持ちを整理することができるように育っていく。「これが好きなんだよね」「いやだったんだね」と，言葉でなぞることは日常生活の全体に広げていくことができる。

　もう一方で大切なことは，子どもの実態を把握することである。これを「アセスメント」という。先の例のように ASD 児は，言語面で発語がない場合や，喃語のみという場合，問いかけをそのままオウム返しする場合など，言語面での発達がゆっくりしていることがよく見受けられる。実態を把握したうえで，保育者がなぞる言葉を考えたい。もちろん，なかには年齢相応以上によくおしゃべりする子どももいるが，よく話す子どもの場合は，その言葉の内容が本当に理解されているのかを把握する必要がある。筆者が出会った ASD 児のなかには，自分の気持ちが崩れたときに，「腐った魚を食べていい？」と繰り返す子どもがいたが，これはどこかで得た「腐った魚」をいやなことの総称として利用しているのだとわかる。そのときの気持ちを表す言葉を適切に獲得できていない可能性がある。

　互いの関係の間に入って言語を補完する道具を用いることもある。たとえば，喜怒哀楽をわかりやすくイラストで示したボードを用意しておき，そのときの気分を指でさして表現するやり方もある。また，何か製作をしようとしたときに，いくつかの選択肢を紙に描いておいて，どれがいいかを指をさして選べるようにしておく方法もある。

　さて，園はその子どもと保育者との関わりの場であるとともに，子ども同士の社会でもある。定型発達の子どものにぎやかな環境は，気持ちの発達や言語の発達にとって，刺激に満ちた場であるが，一方でその場で行きかう情報量の多さに ASD 児が混乱してしまうこともみられる。園生活がどのようなものであるかという見通しが得られることで，気持ちはずいぶん安定するものである。安定した気持ちになることで，言葉も獲得しやすくなっていく。次項では，まず生活が安定するための手立てについてまとめることとする。

3 生活の見通しを示す工夫 —登園してからすること

　以下のそれぞれの写真は，見通しがもちにくい ASD 児に登園後の手順について，混乱しないようにするための道具を例示したものである。ASD 児は比較的，耳で聞くよりも視覚で伝えられたほうがわかりやすい子どもが多いといわれている（なかには聴覚のほうがわかりやすい子どももいるので，当該子どもの実態をきちんと把握する必要がある）。

【手順カード①】

　登園してきてからの手順を文字にしてカードにしたもの。順番にカードをめくりながら何をすればよいかが確認できるので，混乱なく一つ一つを確実にできる。

【手順の一覧②】

　1枚の用紙に手順を時系列に記したもの。テキストと写真を併記したタイプ。

【手順カード③】

　手順をイラストとテキストで記したもの。さらに「○ばん」と順番を数字で示している。最後に「できました！」のカードを入れることで達成感も味わえる。

【手順カード④】

順番を写真のみでまとめたもの。お腹が写っているカードは、シャツをしっかりズボンに入れましょうという意味を表している。それぞれの子どもの特性と実態に合わせて調整をしている。

　登園してから何をするのかの見通しをもてるようにするためのカード等であるが、その表記の仕方は様々にあってよい。また、対象とする子どもは、何がどの程度できるのかというアセスメントに基づき、カードのレベルを検討することが必要である。

　子どもの安定を図るだけでなく、成長を促す視点からとらえれば、4月には多用したカードは、自分でできることが増えていくなかで、枚数は減少していくはずである。最終的には手順カードに頼らずに一人で自分の支度ができるようになることが一つの目標だからである。

　ASD児が混乱しないようにするためのいくつかの配慮について具体的に示したが、これは単に「個別に配慮するためにカードを用意しましょう」ということではない。繰り返しになるが、その子どもにどれくらいわかれば安定できるのかをよく把握する必要がある。

　ここで行われるやりとりは、子どもとのコミュニケーションである。子どもと保育者の応答的なやりとりは、「私とあなた」という関係を構築していくプロセスそのものである。それは、経験したことや考えたことなどを自分なりの言葉で表現し、相手の話す言葉を聞こうとする意欲や態度を育て、言葉に対する感覚や言葉で表現する力を養うことの原点に位置するものである。

❸ 個別の教育支援計画と個別の指導計画

1 はじめに

幼稚園教育要領の「障害のある幼児などへの指導」(第1章　総則，第5，1)においては以下のように記述されている。

> 家庭，地域及び医療や福祉，保健等の業務を行う関係機関との連携を図り，長期的な視点で幼児への教育的支援を行うために，個別の教育支援計画を作成し活用することに努めるとともに，個々の幼児の実態を的確に把握し，個別の指導計画を作成し活用することに努めるものとする。

本章では教育支援計画と指導計画についてまとめ，個別の指導計画の立て方について具体的に述べる。

2 個別の教育支援計画と個別の指導計画について

「個別の教育支援計画」とは，小学校入学前から卒業後までの学齢期を中心とした支援計画であり，保護者と連携して作成するとともに，関係専門機関とも共有する。これは幼稚園やこども園の入園時からの情報を一元化して，学種間や学年間で切れ目なく情報を共有するものである。

具体的には生育歴，診断名など，担当が代わるたびに保護者がわが子の話を繰り返すことなく引き継げるようにする。また，幼稚園やこども園において実施されている合理的配慮についても記載する。合理的配慮とは，その子どもに対して園や担任が，個別に配慮している事項のことで，たとえば，「絵カードを用いて手順の混乱がおきないように配慮した」など，具体的な対応を記載する。

一方，「個別の指導計画」とは，日々の保育のなかで，個々の子どもの実態を把握し，目標を立てたうえで具体的な支援や指導を行うための計画をさす。特定の用紙を用意する場合もあるが，事務作業の増加を緩和するために，当該児にとっての支援事項などは，週案や日案のなかに併記して，これを計画とし

てあてることも考えられる。

　具体的な計画の立案では，たとえば当該児がどんなことにつまずいているのか，困っているのかを書き出してみる。あるいは，保育者が困っていることを書き出してみる。そのことについて，どうなってほしいか，その願いを達成するためには，どこに配慮すればよいのかなど，個別に対応する内容をまとめておく。また配慮の結果，何か変化したことがあれば，そのことも記す。この一連の保育を流れとして把握することで，成長を保護者にも伝えられるようになる。もちろん急な成長はなく，定型発達児よりも長いスパンで見ていくことが必要である。

③　個別の指導計画の一例

　ASD児が，どのような点につまずきや困っているのかを下記のような分野別の発達の軸に即してまとめてみると，その子どもに対して園や担任としてどのような課題意識をもって取り組んでいるかという実態が見えてくる。

　A　いろいろな分野別の発達の軸
- 生活習慣（生活リズム・食事・排泄・衣服の着脱等）
- 人との関わり
- コミュニケーション（言葉など）
- 運動
- 集団への参加
- 知的発達（作業，指示の理解，文字，数など）
- 情緒の安定

　上記の分野のそれぞれにおいて，課題が見い出せることとは思うが，網羅的な計画では，どれも支援しきれないことがあるので，優先順位をつけて対応することが実践的である。

　次に実際の保育については，定型発達の子どもの保育と同様である。

B　保育を組み立てる軸
　　子どもの姿（実態）の把握　→　目標（ねらい・願い）の設定
　　　→　保育の実践（手だて・配慮・支援）　→　評価（振り返り）

　たとえば，まだ発語がない子どもに「挨拶」を通して人とのコミュニケーションの楽しさを伝える場合，一例として次のようなステップを重ねていく。朝，園の玄関で「おはよう」と声をかけ，朝，最初に会ったら挨拶をすることを保育者の行為を通して習慣化する。その際，発語がなくても，顔を合わせるようにして，手と手を合わせてタッチしたり，抱きしめたりしながら，朝に保育者と出会う気持ちよさを伝えることを日々繰り返す。慣れるに従って，保育者との1対1の模倣を通して，頭を下げる動きであいさつを表現するように促したり，「おはよう」の「お」だけ口形模倣をして声に出すことを促したりする。

❹ 海外から帰国した子どもや生活に必要な日本語の習得に困難のある子どもの園生活適応のための配慮や支援

　子どもが安心して自己発揮できることから表現が生まれ，それが言葉へとつながっていく。ただし，海外から帰国した子どもや日本語以外の母語がある環境にいる子どもは，今まで育ってきた国の文化という背景や家庭で日常的に（日本語以外の）母語が使われていることもあることから，日本語での教育環境への戸惑いも含めて，言葉の獲得についての配慮が必要である。

　まず，文化的な背景の差が，周りの子どもたちに肯定的に受けとめられるように，保育者自らがその子どもの国の文化に親しむ姿を見せていくことが大切である。学級経営として，それぞれに文化や個性が違うことを前提として，特別な配慮を必要とする子どもも同様に，仲良くすることを皆で考えて取り組んでいくこと，また保育者がどの子どもも分け隔てなく接することにより安心，安定の場は築かれていく。言語の違いという背景はあっても，ともに生活をしていくなかで，保育者が表情を豊かにていねいにわかりやすく伝える配慮や，

絵カードなどの視覚教材を工夫することで，理解は徐々に促進されていく。同時に，子ども自身の気持ちの安定を考えたときに，母国の文化を象徴するようなものを保育室内に掲示して，子どもが母国にもっている思いを尊重することで，子どもの自尊感情を大切にする方法も考えられる。

日本は，これからさらに世界に開かれ，多様性を尊重する時代へと移行していくが，多様な言語や文化を尊重する姿勢は保育室内からつくり出すことができる。また，どの子どもにとっても居心地のよい学級経営は，まさにこれからの時代を生き抜く子どもたちの土台を築くものである。

子どもを理解するためには，アセスメントが必要である。日本語の習得の困難さは理解できたとしても，日本語以外の言葉や他国の文化を背景にしていることで，単に家庭で使用される言葉の影響なのか，今まで過ごしてきた国での育ち方によるものなのか，あるいは，子ども自身に何らかの特性があるのかがわかりにくいことは十分に自覚して，子ども理解の視点としておく必要がある。

また，園で友達とともに仲良く遊んでいるように見えても，なんとなく感覚で合わせているだけで，言葉の獲得につながっていない場合が考えられる。たとえば，いつも返答が「たのしい」という言葉だけであれば，保育者は安心してしまいがちである。そのままにしておくと，すべて「たのしい」と答えるのみになり，本来伝えたいニュアンスを表現する語彙が獲得されない可能性がある。言語は思考するための道具でもあり，学習の習得にも関わってくるため，保育の場で応答性のあるていねいなやりとりを心がけたい。

⑤ 家庭や地域・関係機関（医療や福祉，保健等）との連携

子どもが健やかに成長していくために家庭との連携が重要なことは言うまでもないが，特別な配慮を必要とする子ども，海外から帰国した子ども，生活に必要な日本語の習得に困難のある子どもの家庭との連携については，家庭への理解や配慮が必要になってくる。

1 特別な配慮を必要とする子どもの家庭への理解と配慮

まず保護者がわが子の障害を受けとめることができているかどうかが大切なポイントである。発達障害の場合は，身体の障害と違い成長の過程で，周りの子どもとの発達の違いがわかってくる。その特性を受けとめられるようになるまでには，一定の時間がかかるものである。また，夫婦の認識の差が葛藤を生むこともある。さらに両家の祖父母を含めてサポーティブな関係になるまで，とりわけ母親に大きな負担がかかってくる。

発達の違いは大なり小なり保護者にも何らかの気づきがあるものだが，わが子に限ってそんなことはないと思い込もうとしたり，育児が悪かったのではないかと自分を責めたり，なぜわが子に障害があるのかと自問自答したりすることがある。なかには「障害ではない」と，自分が納得する答えを言ってくれる医師と出会うまで，医療機関を転々とする場合さえある。

保護者がこのような状態にある場合，園が特別な配慮や支援について話し合いたくても，懇談を避けようとしたり，懇談ができたとしても，家ではどれだけできるかを一方的に話して帰ってしまったりする。保護者がまだわが子の障害を受けとめきれていないからである。

園ではまず，保護者のそのような心情を理解する必要がある。そのうえで「このような配慮をしたら，わかりやすいようだった」「こんなことができるようになった」など，子どもの伸びゆく姿を語りながら，園は家庭とともに成長を支えていきたいという思いを伝えることが大切である。診断ありきではなく，その子どもに適した支援や環境の配慮を家庭と共有することが大切であり，わが子の障害を徐々に受けとめられるようになっていくことで，発達支援センター等の地域の関係機関との連携も徐々にスムーズになっていく。

2 海外から帰国した子ども，生活に必要な日本語の習得に困難のある子どもの家庭の理解と配慮

「日本語指導が必要な児童生徒の受け入れ状況等に関する調査（平成28年度）」（文部科学省）によれば，該当する在籍児童生徒数は3万4,335人であり，

年々増加する傾向にある。このような言語面でも文化面でも，日本とは異なる背景をもつ家庭の場合は，母国の教育制度と日本の教育制度の違いにも戸惑いがあるものである。保護者の就労状況によって，短期的な日本文化の体験であるのか，永住することが前提で日本語を習得していくのか，保護者との共通理解をはかる必要がある。とりわけ幼児期は言語の習得に関わっており，言語は思考の道具となっていることを考えると，文化的背景の違いを前提にした対応が大切である。単に，園からのお知らせ文章を母語に翻訳するだけでコミュニケーションがはかれるものではない。

このような家庭への支援の体制は，同じ母国同士の文化的なコミュニティの有無や母国からの支援，また日本語指導や母語通訳など，人材的な支援，住んでいる自治体からの支援などの状況を把握することが大切である。地域によっても大きな差があるものと思われる。地域のコミュニティの支えの状況を園が把握することによって，園としても地域にあるどのようなサポートを活用できるのか考えることができる。

文化の差という困難さを想像しつつ，保護者にとっても居心地のよい開かれた園の文化をめざしたい。

③ 地域・関係機関（医療や福祉，保健等）との連携

幼稚園教育要領の改訂にあたっては，地域に開かれた教育課程という考え方が大きな柱となっている。

幼児教育は，園内に閉じたものではなく，地域に開かれて，多くの人に理解してもらうことが肝要である。地域と交流しつながりながら，皆で育て合う・育ち合う地域文化をつくりあげていくことによって，様々な困難がある子どもやその家庭が支えられていく。それ以前に，保育者にとっても課題を一人で抱え込まず，皆に相談し連携しながら保育にあたる意識が園内にも構築されていく。

また，地域に発達支援センターがあれば，巡回サービスなどを利用することによって，保育中の特別な配慮や支援について，専門家からのアドバイスを得る機会にもなる。まだ，行政サービスとの連携が進んでいない園や地域であれ

136 第2部 第7章 ★ 言葉の問題と援助

ば，今回の改訂を機に，皆がつながり合う仕組みの構築に向かっていくことが社会に開かれた教育課程の実現につながるのである。

【参考文献】
「全国幼児教育研究協会：研究紀要」 66号，2017，第4章・第5章（2）

演習問題

問1．発語のない子どもを想定して，子どもの行為を言葉にして伝えよう。
問2．発語のない子どもを想定して，子どもの気持ちを言葉にして伝えよう。
問3．保育場面を想定して，「○○してはだめ」を「○○しましょう」という肯定的な言葉に言い換えてみよう。

❺ 家庭や地域・関係機関（医療や福祉，保健等）との連携

column

「こっちは，倒していいよ」

・・・

　健常児と自閉症児がいっしょに遊んでいる場面（5歳児6月）。

　ドミノを並べている子の横で，自閉症児がドミノを倒してしまった。「もうやめてね」と言っても，並べるそばから倒していってしまう。並べる，倒す，並べる，倒す……。

　大きなケンカになってもおかしくない。どうなるだろうかと，その様子を見守っていた。攻防を繰り返していくうちに，健常児は何を思ったか，ドミノを2列つくりはじめた。そして「こっちは，倒していいよ」と，自閉症児に言った。

　「こっちは，倒していいよ」は，どんな言い方だと想像されただろうか？ある雑誌の編集者は，この事例から感じたことを次のようにまとめてくれた。「遊び方が違っても，いっしょに遊んでいる気分なのか。いっしょに遊ばなくても，いっしょにいたいと思っているのか。それぞれの人の違いが，新しい出来事をつくり，それが，新しい知恵や感情を生み出していくのだろう。子どもの環境は，子どもにゆだねよ」と。

　実は，このあとも遊びは続いていた。健常児は組み立てているドミノを倒されないようにと，かなり切羽つまった状態だったらしい。

　身体をはって倒れないように守りつつ「こっちは，倒していいよ」と言ったのだ。そして，自分の納得するようにドミノを並べ続ける。

　彼にとってのドミノが完成したときに，そこで彼が自閉症児に言った言葉は，また「倒していいよ」であった。

　ドミノをつくりきった達成感のなかで，楽しみだったはずのスタートのドミノの大切な1枚をゆだねてもいいという思い。

　やはりどこまでも，「子どもの環境は，子どもにゆだねよ」である。

138　第2部　第7章　★　言葉の問題と援助

第8章

保育計画と評価

❶ 言葉の環境と活動

　子どもは保育者や友達など身近な人と心を通わせるなかで，しだいに豊かな言葉や表現を身につけていく。また，モノやコトと向き合い，心が動いたときに，伝えたいという思いが生まれ，自分なりの言葉で表現したときに相手に受けとめられることが，さらなる言葉で伝えようとする意欲につながる。泥のぺちゃぺちゃとした感触（**写真8-1**），落ち葉を踏んだときの，かさかさした感触，池の氷を持ったときのじんじんする冷たさ。青虫がさなぎになってその背中からチョウチョがゆっくり出てきたときの不思議さ（**写真8-2**）。大切に育てていたウサギが動かなくなってしまったときの悲しさ。怖くて登れそうにない坂を目の前

写真8-1　泥んこ気持ちいい

写真 8-2 チョウチョが生まれる

写真 8-3 ありがとう

にしたときに，友達が手を差し伸べてくれたときのうれしさ（**写真 8-3**）。人は心が動いたときに，それを思わず言葉にしたり，誰かに伝えたくなる。

このように子どもの豊かな生活や遊びの環境が，言葉を豊かにしていくことから，保育者は何をどのように子どもたちに出会わせてあげたいのか，どのような活動から関わりをつくり深めることができるかを考えて保育計画を立てていきたい。

また，偶然に起きたことを大切な経験として，子どもの生活のなかに取り込んでいくこともある。

> **事例 1　かかしをつくろう**
>
> 　5歳児クラスのプランターで大切に育てていたナスが，朝来るとカラスに食べられていた（**写真 8-4**）。「せっかくみんなで食べようと思っていたのに」と悔しがる子もいれば，「カラスも何か食べないと生きていけないから」と言う子もいる。「でも，これ以上僕たちがつくった野菜を食べられるのはいやだ」という意見が多く（**写真 8-5**），保育者は，子どもたちの食べられないようにしたいという思いを尊重し，話し合いを見守ることにした。
>
> 　「カラスはきらきら光るものが苦手らしい」「おじいちゃんの畑でかかしを見たことがある。かかしを人間と間違えて，来なくなるかもしれない」とい

写真 8-4 きっとカラスのしわざだ

う意見からかかしをつくることになった（**写真 8-6**）。保育者は，子どもたちが園内の様々なところから材料を集め，用務員さんに道具を借りて，かかしをつくることを援助していった（**写真 8-7**）。

　数日後にかかしは完成し，名前をつけることになった。話し合いの結果ついた名前は，サッカー日本代表のゴールキーパーの川島選手の名前から「かわしま」。下の名前はカラスから守ってほしいから「まもる」にして「かわしままもる」という名前となった（**写真 8-8**）。

　このように，日常生活で偶然に起きた出来事を試行錯誤しながら課題解決する経験はとても重要である。子どもたちは，自分たちの願いを込めたかかしの名前を考える体験を通して，一人一人の名前に込められた両親の願いや意味に気づくこともできた。豊かな言葉のやりとりが，言葉に豊かなイメージを与えるのである。

写真 8-5　もう食べられたくない

写真 8-6　かかしはこんな形

写真 8-7　かかしをつくろう

写真 8-8　かかしの完成

❷ 全体的な計画

　これまで幼稚園では教育課程を作成し，保育所では保育課程を作成していた。そのなかで，各施設ではどのような子どもに育ってほしいと願っているのか，そのような子どもに育てるために保育のなかで何を重視し，どのような保育を行っていくのか，また，その成果をどのように評価し，保護者や地域と連携していくのかなどがまとめられていた。2017（平成 29）年の改訂では幼稚園，保育所，認定こども園のすべての施設では，このような文書を「全体的な計画」と総称することになった。

　全体的な計画では，これまでの 5 領域等の視点に加え「育みたい資質・能力」と「幼児期の終わりまでに育ってほしい姿」も意識しながら，入園から修了までの在園期間の全体にわたり，園の目標に向かってどのような過程をたどって教育や保育を進めていくかを，子どもの発達や生活を見すえて各園で作成する。また，地域の実情に即した子育て支援等の計画や食育計画，学校安全計画等もふまえて作成することが必要である。

　近年，様々な研究・調査から家庭環境の違いにより子どもの発達に大きな差があることが明らかになってきているが，言葉の面でも語彙数等に 3 歳の時点ですでに大きな差ができていることが国内外の調査から明らかになってきている。そのような子どもの実態や地域の実情に合わせて計画を作成していく必要がある。

　1 歳児が指さしたものを保育者が一緒に見ながら，うなずいたり，ほほえんだりするような心を通わせるやりとりから，5 歳児の「だって○○だから……」というような，その子どもなりに筋道を立てて友達に対して思いを伝える姿に至るまで様々な姿がみられるが，そのような発達の連続性をふまえて作成する。また発達の過程で「だって」という言葉を保護者や保育者が聞いたときに，「言うことを素直に聞かなくなった」ととらえるのではなく，一定の期間ごとに振り返り，改善していくことが求められる。

> **事例2**　4月入園の3歳児クラス
>
> 　6月に保育者が大きなダンボールの箱を保育室に持ち込んで「おうちごっこ」をしていた。夜になったという設定で，みんながグーグー寝ている。そのとき，保育者が「さあ，朝になったよ～」と言うと，1人の子が「はーい，ママ！　あっ，まちがえた」というようなやりとりがあった。
>
> 　保育者を「ママ」と呼ぶその姿から，保育者を信頼できる人として認識しはじめていることがうかがえる。この例のように身近な人との関わりを通して，視線を合わせたり，ほほえみ合ったりというような言葉以外のやりとりもとても大切である。
>
> 　また，1年を子どもの何期かに分けて考えると，新年度から1か月～2か月経ったこの時期に，子どもと保育者の信頼関係が培われてきたことをふまえて，期の変わり目とすることもできる。
>
> 　この3歳の事例から，信頼関係が培われ，安定してきた時期に入りつつあり，子どもが様々な環境へと関心が向いていくことが予想される。そのため，これまでの安定を図るために子どもが知っているもの（家庭にもあるもの）や，遊び方がわかりやすいものが多い環境の構成から，子どもの心が動くような未知との出会いがある環境の構成へ変えていく必要があるだろう。そして保育者の関わりも，入園当初の3歳児には言葉で伝えることがむずかしい場合も多いので，子どもの表情などから思いを受けとめつつ，言葉で代弁するような関わりであったものから，しだいに3歳児が経験したり，感じたり，考えたりしたことを自分なりに言葉で表現することを受けとめる関わりが必要な場面が多くなってくるであろう。
>
> 　このように全体的な計画は，日々の子どもの姿から考える短期の計画の実施と，振り返りの積み重ねから考えていくことが大切である。

❸ カリキュラムマネージメント

　各園では，カリキュラム（各園の教育課程や指導計画等）をもとに環境を構成し，保育を実践したうえで振り返り，見直しや改善を行い，次の計画に反映させていく。このような取り組み（カリキュラムマネージメント）を行う際に最も

重要なことは，日々の子どもの姿から，今，興味のあることは何か，どう育とうとしているのかを把握することである。

> **事例3　毎月の月案検討会議（カリキュラム会議）**
>
> 担任がその月のクラスの子どもの写真から読み取れる，子どもの育ちの姿を話し合う（**写真8-9**）。そのなかで，次の月のねらいや内容・環境が今の姿や育ちにふさわしいかどうかを見直し，改善する。その月案を元に週案を立て，振り返りの欄に，その日の子どもの姿を記入する。このように長期の計画を元に短期の保育を計画し，そこでの子どもの姿から計画を振り返り，それが長期の計画の見直しに反映される。
>
>
>
> 写真8-9　写真で語り合う
>
> ［日々の姿］⇔［週案の振り返り］⇔［月案の振り返り］
>
> また，1日の生活の流れとは別に，保育室の環境図に子どもの活動の写真を添付して記録する（**図8-1**）。子どもの遊ぶ姿を俯瞰でき，子どもの動きを予想しやすくなる。そして，次の日の環境や教材の準備がしやすくなる。
>
> 保育計画のなかで，1週間の見通しをもって生活に連続性をもたせるためには，週案が使いやすい。
>
> また，1週間の子どもの様子や育ちを振り返るために，週の初めに「現在の子どもの姿」と「目標」，「保育者の配慮」を記入し，週末に「子どもの姿」を記入する（**図8-2**）。この週末の「子どもの姿」を次の週の「現在の姿」に記入し，1週間ごとの姿や育ちを記入していく方法もある。そこに，子どもの活動の写真を添付すると，記録がより具体的になり，振り返りやすくなる。
>
> 大切なことは，次の保育につながるための記録をつくることなので，使いやすさを考えながら記入用紙を工夫するとよい。

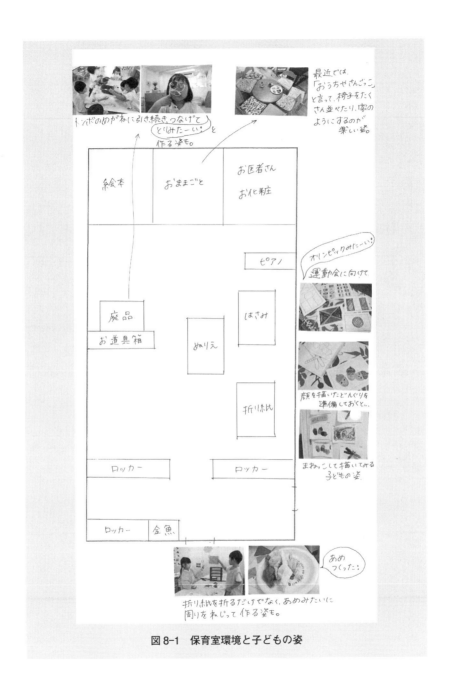

図8-1　保育室環境と子どもの姿

図 8-2　週の記録

4 主体的・対話的で深い学び

　子どもは身の回りのことに興味をもって関わりながら，自分たちのやろうとすることへの見通しを立て，やってきたことを振り返りながら主体的に学ぶ存在である。同時に自分たちの考えや思いを言葉で表現し伝え合うなど，対話的に学んでいく。また，活動を進める過程で試行錯誤を繰り返すことで，深い学びにつながっていく。

事例4　本当に怖いおばけ屋敷をつくりたい

　5歳児のお店屋さんごっこ（プロジェクト）で「おばけ屋敷」をつくった活動。11月，子どもたちはクラスで話し合い1つのお店を決めて1か月間プロジェクトとして取り組む。昨年の5歳児のお店屋さんもよく覚えていて，いよいよ今年は自分たちがお店をする番になり「本当に怖いおばけ屋敷をつくろう」と張り切っている。

　どんなおばけ屋敷にしたいのか，おばけのイメージや，あったらいいなと思いついたものを出し合い，話し合っている。それを保育者がマップ（**写真8-10**）に書いてやりたいことをどんどん広げて可視化していくことで，自分たちの取り組みがどのように進んでいるのか見通しをもちやすくなると同時に，保育者は子どもたちの活動のイメージの広がりを把握し，たとえばどのような材料を子どもたちは使いたいかを予測し準備しておくことができる。また，子どもたちにとっては文字に書き残しておくことのよさの経験となり，保護者にとってはこのようなマップやドキュメンテーションが保育のプロセスを知ること，子どもの成長を感じるきっかけとなる。

　おばけ屋敷の名前を決めるとき，それぞれが怖いと思う言葉「ゆうれい」「おばけ」「のろい」「くらやみ」「じごく」などを出し合っていたが，一人の子が「怖いことばを2つくっつけたらもっと怖くなるよ」と言ったことにみんなが共感し「くらやみのろいべや」に決めた（**写真8-11**）。次に，おばけ屋敷に必要なものをグループに分かれて製作していくうちに「もっとお客さんを怖がらせたい」という気持ちがどんどん高まっていく。そしておばけや素材がおおよそろってきたころ，「1回やってみよう！」という意見が出て，クラス内でおばけとお客さんを交代してやってみた。

写真8-10　活動マップ

写真8-11　お店の看板

終わったあと，クラス全員が輪になって話し合うサークルタイムを設け，振り返る（**写真 8-12**）。保育者が「初めてやってみたけど，お客さんになってみてどう思った？」と問いかけると，「ぜんぜん怖くなかった」「おばけがうろうろしてるだけだった」と，がっかりした様子だった。「せっかくここまではりきってつくったのにねえ。どうやったらもっと怖くなるのかなあ？」と保育者が聞いてみると，「隠れたところからいきなりおばけが出てくると怖いよ」と身振りをまじえて話す A 児。お客さんの立場で考えたアイデアが出てきた。また，B 児は「怖い声をだしながらゆっくり近づいていくのはどう？」，C 児も「人が通った瞬間に，ろくろ首が伸びてきたらびっくりすると思う」と，次々に改善点が出てきた（**写真 8-13**）。

　そこでおばけが隠れるお墓をつくったり，出ていくタイミングや首を伸ばすタイミングを考えたり，ゆっくり歩いてお客さんに近づく練習もしていた。何度かほかのクラスの子どもにお客さんとして来てもらい，そのつど，振り返り・話し合い，改善し，保護者をお客さんとして迎える当日になる。

　「お客さんを一度に入れると，おばけが出ていくタイミングがむずかしいから，案内の人に 4 人ずつ入れてもらおう」「中は暗いから，次にどっちへ行くか案内したほうがいい」など，自分たちで，確認し合っている。その結果，保護者が怖がってくれたことに満足した様子だった。

　5 歳児になると，話し合いのなかで自分の意見を伝えたり，友達の考えを受けとめたりしながら進めていく姿がみられる。思い通りにならなかったり，失敗をしたりすることで，どうすればもっとよくなるのか知恵を出し合う場面が生まれる。それぞれの感じたことやイメージできることなど，知恵

写真 8-12　振り返りの話し合い

写真 8-13　ろくろ首のタイミング

を結集して問題解決する姿もみられる。クラスで運営するにあたって，言葉で自分の考えを伝え，友達の考えとすり合わせて一つにしていく作業はエネルギーが必要だ。ともすれば，どこに向かっているのかわからなくなり，混乱することもあり得るが，保育者がときどき話し合いの交通整理をすることで前に進んでいくことができる。素材を選び調達する力，失敗の原因を探る力，さらにいいものにするための向上心や創意工夫，全体を俯瞰して運営する力など，様々な力が育っていく。また，3歳児が来るときは怖がらせないようにしたり，つくったガチャポン（手づくりおばけのキーホルダー入り）で喜んでもらうような工夫をしていた。

　保育者は，子どもたちの主体性を大切にし，「やりたい！！」という気持ちが湧いてくるように様々な配慮や援助をしている。写真やチラシを用意してイメージの手助けをしたり，話し合いの整理や確認がしやすいようにマップに書き出したりする。また，子どもたちが描いた具体的な設計図や場所のレイアウトなどを掲示することで，子どもたち自身が見通しをもって活動に没頭していけるように援助をしている。しかし，ときには，演じているおばけに「楽しいおばけだねえ」と，子どもたちにとっての壁になって，さらに考える機会をつくるなど，そのときどきの子どもの姿に合わせて関わっている。

　最後に，つくり上げていく過程をドキュメンテーション（写真8-14）にまとめて掲示することで，保護者に対して活動の内容や意図，試行錯誤し葛藤を乗り越えていく様子を伝え，子どもの育ちへの理解を深めてもらっている。

写真8-14　ドキュメンテーション

新入園児や他園からの転園

　新年度は，それぞれの家庭で育ち過ごしてきた子どもたちが入園してくるため，園生活を送るにあたって，まずは居心地がよく安心できる環境を整えてお

写真 8-15　朝の用意の順番　　　写真 8-16　リュックのかけ方

きたい。「どこにおいたらいいの」「どこにすわったらいいの」と，わからないことで不安になるので，自分のロッカー，自分の椅子，自分のフックがわかるように，それぞれのマークシールやその子の写真を貼っておき，室内で座る場所も一定期間固定するなどの配慮により徐々に安心していく。

　生活の見通しも入園当初はなかなかもてない。朝，園に来てからどのようなことをするのか，絵カード等を掲示しておくことで生活の仕方や見通しをもつことができる（**写真 8-15**）。備品などの説明をするときには，言葉だけではなく実際のものを見せながら説明するとわかりやすい（**写真 8-16**）。ものや場所の名前がわからないと，何を取りに行けばいいのか，どこに行けばいいのかわからず，不安になるので，言葉でのやりとりを実際のイメージに変えていくためには，そのものや場所の名前を知っておくことが安心につながる。保育室や園内の環境のなかに，ものや場所の名前を絵や文字で表示しておくことで，知ったり確認したりすることができる。また，5歳児になると時間の見通しももてるようになってくるので，言葉で保育者が伝えるだけでなく，今日のスケジュールを保育室の入り口に貼っておき，自分で見通しをもって遊べるようにしてあげるとよい。

　他園からの転園児に対しては，クラスの仲間に紹介するときに保育者がイン

タビューをして,「どんな遊びが好き？」「食べ物では何が好き？」「動物は好き？」「好きな絵本は何？」「サッカー選手で好きな人はいる？」などと聞いて,その子への関心を広げ,仲良くなれる共通のものを見つけてあげたい。そして,その子の好きな遊びをクラスの子どもたちとしてみたり,好きな絵本を置くなど,前と「同じ」をつくってあげるとよい。保育者がなかに入って一緒に遊び,新しい友達とつないでいくことで,友達の関係も広がっていく。このように,安心して現在の幼稚園に慣れることができるように配慮することが大切である。

⑥ 多様な文化的な背景をもつ子どもの受入れ

　言葉が違っても,心の通うやりとりを心がける。

　日本語が話せない外国籍の子どもが入園してきた場合,安心して生活しやすいように,絵や写真などを使いながら簡単にその国の言葉で説明をしたり,環境を整えることが望ましい。

　保護者自身も言葉の面で不自由さを感じながら子育てをしていることが多い。保護者が安心することで子どもも落ち着いてくるので,送り迎えの際などにできるだけ保護者と多くコミュニケーションを取るように心がけたい。また,保育者が話せなくても,園の保護者のなかにその国の言葉を話せる人がいれば,通訳してもらうなど助けてもらうのも一つの方法である。また,保護者同士をつなげることで,言葉だけでなく,様々な面でその保護者の心の支えになってもらうことができる。

　プリントやお知らせは,できる範囲でその国の言葉に訳し,お誕生日カードなど記念に残るものは日本語とその国の言葉で書いてもいいだろう。つたない言葉であっても,保育者側が保護者の言葉に寄り添うことで信頼関係が築け,安心して子どもを任せてもらうことができる。

⑥ 多様な文化的な背景をもつ子どもの受入れ　151

> **事例5** 国の文化にふれる
>
> 　韓国から来日していたJ児は入園した当初，なかなか園の生活になじめなかったので，母親と相談しJ児のお気に入りの韓国の絵本を保育室の絵本コーナーに置いてみた。すると，その絵本を真ん中に保育者と友達と少しずつ会話がつながるようになった。また，母親を招いて，チヂミのつくり方を教えてもらいながらチヂミパーティーをしてみた。J児が友達と顔を合わせながらうれしそうに「おいしい」と言い合っていた姿を見て，保護者も非常に喜んでいた。
>
> 　このようなことがきっかけで日に日に子どもたちの距離が縮まっていく。その国の文化にふれることはほかの子どもたちにとってもいい経験である。多様な文化を自分たちの生活のなかに受け入れることは，多様な言葉や多様な考え方を受け入れることにもなる。視野が広がり，その後の子どもたちの生き方にもプラスになっていく。

7 家庭との連携

　在園児や地域の家庭と連携を進めていくことはとても重要な課題である。24時間のコンビニがいたる所にあるなど，便利な生活ができる反面，家庭同士の支え合い等の関係は希薄になり，孤独な子育てをしている家庭が増加している。

　そのような家庭のなかには，子どもを公園などで遊ばせることもあまりなく，入園する時点で生活習慣や運動能力，語彙数などで大きな違いが出てしまっている場合もある。家庭と連携しながら言葉の環境を豊かにするためには，子どもとの応答的な心の通った言葉のやりとりが，子どもの言葉や心情の育ちにつながっていくことを様々な機会に様々な方法で保護者に伝えていきたい。

　保護者の不安の多くは，子どもの育ちの見通しがもてないことや，わが子を愛するがゆえに，どうしても個性をよさとしてみることができず，課題としてみてしまう傾向がある。

そのようなときに、個々の子どものよさを伝える方法の一つとして、園での子どもの様子を写真に添えて記入する「ポートフォリオ」がある。その月に子どもが育っているなと思う場面やその子らしさ（その子のよさ）と、保育者が受けとめた場面の写真を選び、そのときの子どもの言葉と、保育者のコメントを添える（**写真 8-17**）。言葉だけで伝えるよりも、写真があることで、より保護者が子どもの育ちを理解しやすい。毎月の月末等、一定の期間ごとに子どもが持ち帰り、家庭からもコメントをもらうことで、情報が共有でき、家庭と園とがうまく連携することができる（**写真 8-18**）。

　クラスでの取り組みは、「クラスだより」（**写真 8-19**）等を定期的に発行し、クラスではやっている遊びや活動を子どもたちの写真とともに知らせることで、クラス全体の様子や集団としての育ちが可視化される。その内容が、家庭での話題にのぼり、会話のきっかけになったり、園での生活を理解してもらうことにもなる。

　また、行事やプロジェクト保育や日々の活動など、結果よりも活動が始まるきっかけや途中の過程を見える化した「ドキュメンテーション」をクラスの前に掲示すると、子どもが試行錯誤する様子や、話し合って決めてきた過程などを伝えることができる（**写真 8-20**、**写真 8-21**）。

写真 8-17　3歳4月のポートフォリオ

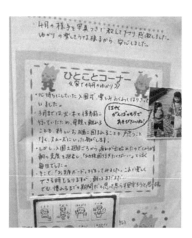

写真 8-18　保護者からのコメント

❼ 家庭との連携　153

写真 8-19　クラスだより

写真 8-20　ドキュメンテーション「泥団子つくり」

写真 8-21　ドキュメンテーション「そらまめクッキング」

【参考文献】
秋田喜代美・野口隆子編著 『新保育シリーズ　保育内容　言葉』 光生館，2009
無藤隆編著 『平成29年告示　幼保連携型認定こども園　教育・保育要領まるわかりガイド』 チャイルド本社，2017

演習問題

問1. 子どもを撮った写真のなかから，子どもの思いが感じられるものや子どもの育ちがみられるものを選んで，子どもの言葉もしくは子どもの思いを吹き出しに書いてみよう。

問2. 子どもの思いや育ちが保護者に伝わるように，コメントを肯定的な視点で書いてみよう。

問3. 子ども同士が言葉を交わしながら，関わって遊べる保育室環境を，図に描いてみよう。

column

聞くから書くへ

　赤ちゃんは生まれる前からお母さんのおなかの中でお父さんやお母さんの声を聞いているそうだ。人間は，生まれる前から聞くことができる。やがて，喃語から一語文，二語文と自分の思いを言葉で話して伝えられるようになる。そして，園の生活などではキリンのマークが，私の印というように記号や文字の意味を知り，だんだんと文字が読めるようになっていく。小学校に入学すると，書くことを学んでいく。

　ある意味では，書くことが最も高度で，保育のなかでドリルなどを使って一斉に文字を書けるようにする園がある。そこに通わせている保護者も「うちの子はもう字を書けるようになった」と喜んでいる。このように，幼児期に字を教え込まれて書けるようになることは，本当によいことなのだろうか。

　こんな事例がある。A君は幼稚園で字を教え込まれたので1年生になったときには，もういくつかの漢字も書けるようになっていた。ところが，1年生の終わりころになると，作文を書くことがとても苦手になってしまった。その理由は，何か伝えたい，表現したいという気持ちになかなかなれないからだ。

　一方，B君は小学校に入ってから字を書けるようになり，作文はどんどん書けるようになった。それは，小学校入学までにお母さんからたくさん絵本を読んでもらって，話を聞いてもらったりしていたからだった。幼稚園の年長では，友達と遊びのなかでいろいろなことを相談したり，ときにはけんかもしたりしながら過ごしてきたので，一方的に話すだけではなく友達の話もしっかり聞いてあげられる。

　乳幼児期には，書けることを急ぐのではなく，まずは，保育者が子どもの思いに寄り添い，ていねいに対話をすることを大切にしてあげたいものだ。

第 **9** 章

保育・幼児教育の現代的課題と領域「言葉」

1 子どもが育つ社会の変化と子どもの「言葉」

1 情報革命と社会の変化

　人びとがつくり，そこで生きる社会は，地球環境の変化や科学技術の進歩，文化の進展等によって常に変化している。特に近年は，情報通信技術の飛躍的進歩によって社会の在り方も，生活スタイルも大きく変化している。子どもたちの成長発達を支え，促す自然環境も社会環境も大きく変化している。たとえば，スマートフォンやパソコンなどの浸透により，人びとは直接対面することなく買いものをしたり，会話をしたり，情報をやりとりすることが多くなっている。子どもたちの言葉の獲得や，言葉の使用，発達にとっても重大な変化が起きているといえる。

　そのような時代にあって，幼稚園や保育所等の就学前教育施設は，どのようなことを重視して指導にあたればよいのだろうか。子どもたちがどのような社

❶ 子どもが育つ社会の変化と子どもの「言葉」　157

会に生き，どのような課題に直面しているのかをとらえて，日々の保育を考えていくことが大切だ。つまり，顔の見えない関係が私たちの生活や考え方の根本に入り込むなかで，私たちは「人間として相手を見る」ことを忘れてはいけない。

② グローバル化と英語教育

社会や経済等が従来の国の枠を超えて地球規模で関連し合うグローバル化を背景として，2018（平成30）年4月から小学校で英語教育の義務化がスタートし，教科として小学校で取り入れられることになった[1]。すでに，英語教育の時間を取り入れている私立幼稚園等もあるが，今後，家庭においても子どもを英語教室に通わせるなど，幼児期から英語教育あるいはその他の外国語教育を行おうとする動きも無視できないだろう。

そのような状況のなかで，領域「言葉」が保育内容としてもつ意味は大きいといえる。母語の獲得時期にある子どもにとって外国語を獲得することが与える影響を，今一度考えて慎重に行うべきだと考える[2]。また本来，異文化理解を目的とする外国語教育が，英語偏重の教育になったり，英単語を発音し覚える教育になったりする危険性もある[3]。保育時間内の活動であるにもかかわらず，全体の計画とは無関係に"お任せ"で進められることも多く，担任は派遣教師の補助的な役割を担っているのが実態である。取り入れる場合には，保育者（園）と派遣教師（派遣会社）が十分に話し合い，教育課程など全体の教育計画のなかに位置づけることが今後求められると考える。

③ 育つことが期待される姿「言葉による伝え合い」

2018（平成30）年4月より施行される「保育所保育指針」「幼稚園教育要領」「幼保連携型認定こども園教育・保育要領」には，共通して"指導を行う際に考慮するもの"として，幼児期の終わりまでに育ってほしい姿（10の姿）を示している[4]。そのなかの一つに次のような内容が示され，「言葉」に関する育ちが重要視されていることがわかる。

> ケ 言葉による伝え合い
>   保育士等や友達と心を通わせる中で，絵本や物語などに親しみながら，豊かな言葉や表現を身に付け，経験したことや考えたことなどを言葉で伝えたり，相手の話を注意して聞いたりし，言葉による伝え合いを楽しむようになる。
>   （保育所保育指針「第1章，4，(2)」）

　これらの姿は，当然のことながら，保育全体を通して育っていく結果であり，取り出して育てるべきことではないことに留意しなければならない。

❷ 実践のなかで考えるべき課題

　これまで述べてきたように，社会変化の影響を受けながら，子どもたちは言葉を獲得し，使い，洗練し，よりよい使い手として育っていく。その際，保育者はどのようなことに留意して指導をすればよいのだろうか。一言で言ってしまうなら，筆者は"言葉の内実を豊かで確かなものにする"ことだと考える。岡本の言葉を借りるなら，一次的ことばを豊かに育てることだともいえる。以下，そのことについて事例を通して述べる。

1 言わずにはいられない言葉（伝えたい内容は豊かか）

> **事例1**　バカって言ったらバカなんだ（どうしてもわかってほしい）
>   積み木で車をつくって遊んでいるA児のところに，B児がやってきて「これダメだよ（危ないよ，の意味）」と言いながら，足で車の先端の積み木を蹴りこわす。A児は「やめて」と怒りの声をあげる。B児が興奮気味に「バカ」と言うと，A児も「バカ」と言い返す。すると「バカって言ったら，その子がバカなんだ」「バカバカ……」とお互いに声を張り上げながら，室内から園庭に飛び出していく。
>   日頃はとても仲の良いA児とB児だが，顔を真っ赤にして怒っている。言わずにはいられないのだ。A児が自分のつくっている車をこわされて怒る気持ちはよくわかる。B児はなぜそんなに攻撃的ともとれる言い方をするのだ

ろう。

　実は，Ｂ児はＡ児のすぐ近くで積み木の上から飛び降りることをしていた。飛び降り方が悪く転んで額を床にぶつけてしまい，職員室で保育者に冷やしてもらっていたのだ。職員室から戻るとすぐに，仲良しのＡ児のそばに行って，上記の「バカ」騒動が始まったのである。

〈考察〉

　遊びを見て，崩れやすい部分を「危険だ」と知らせたかったのだと思われる。「バカって言ったら，君がバカなんだ」「バカ，バカ」と相手に言葉をぶつける様子は，4歳児の発達の姿を表している。

　まだ十分に状況を言葉で相手にわかるように説明したり，相手の意図を尋ねたりする力は育っていない。

　ここで大切なのは，大きな声で園庭まで追いかけて言い合うほど "強く主張したい思いがある" ということである。

　最近の子どもたちのなかに，このような強い思いが薄れてはいないだろうか。電車ごっこをしている運転手役と車掌役の男児が，車内放送「次は一，渋谷駅，渋谷駅。お降りの方は……」をきっかけに，遊びを中断して「渋谷駅は停まらない」「停まる」「停まらない」と主張し合う姿にも出会った。言葉が，自分の内にあふれる「伝えたい思い」がまず先にあって，初めて生きた「言葉」になるのではないか。子どもの言葉を育てるときに，伝えたい思いを十分に育てることが重要だと気づかされる。

2　みんなの前で話す体験（伝えたい内容よりも，形式？）

事例2　お当番さんの仕事（5歳児6月）

　朝の集まりが始まった。Ｃ児が一人でみんなの前に出てきた。もじもじと自信なさそうにしている。少し離れた場所から担任が，励ますような声をかけている。どうやら「お当番さん」として，全員の前で一人で「今日は○月○日○曜日」「天気は○○」「お休み（欠席者）は○○さんと○○さん」と言

160　第2部　第9章 ★ 保育・幼児教育の現代的課題と領域「言葉」

わなければならないらしい。かなりの時間が経過し，ほかの子もしびれを切らしてくる（よく待てているなあと感心する）。なかには小声でお当番さんに教える子も出てくる。

　見えないプレッシャーのなかで，ようやく，保育者やクラスの仲間から教えられた言葉を，絞り出すようなか細い声で出した。担任保育者は「全員の前で，一人で，話す体験をしてほしい」と願い，「順番に行うことで，どの子も体験できる」「順番にしないと，言わない子はずっと言わないので」行っているとのことである。

〈考察〉

　このような「お当番さん」の活動を行っている園は，決して少なくない。小学校の教育を意識して，そのような形式的に"言わせる体験"を求める風潮もある。しかし，このような状況で「言わされる」体験でもよいのだろうか。そのような体験が「人に伝える喜び」や「人前で伝えられた自信」を育てるとは考えられない。保育者の側の自己満足ではないだろうか。

　そもそも，「人前で話す体験」が本当に喜びにつながるには，「伝えたい内容」が自分にあり，その内容を「聞きたい」と思い，「聞いて，わかった」と思う他者がいて初めて成り立つと考える。

　わかりきった天気を言い，後ろに掲示されているカレンダーの日付を読みあげ（見ればわかる），自分ではよく把握していなかったりする欠席者の名前を言うことに，伝える喜びや伝えられる喜びは感じられない。

　さらに問題だと考えるのは「当番にして，全員が順番に行わないと，言わない子が出てくる」という点である。保育者の役割はどこにあるのか。順番に言う機会をつくって言わせる前に，一人一人の子が「伝えたい内容」を得たときに，「そのことをぜひみんなも知りたいと思うだろうから」と，伝えるよう励ますのが保育者の役割ではないだろうか。個々の子どもの状況を理解せず，順番にやらせて，指導したとするのは，保育者の怠慢だと考える。

❷ 実践のなかで考えるべき課題　161

③ 形だけ整っている言葉は空虚な言葉

事例3 朝の集まりで（5歳児9月）

　朝の集まりで，当番が前に出て「日付，天気」を言う。欠席者については途中で言葉が止まり，横から担任が小声で教えるのを聞きながら言葉にする。学級全体はとても静かで姿勢よく前を向き，話を聞いている（ようだ）。

　「ハイごくろうさま」と担任に言われ，当番のD児はやっと解放されたというようにニコニコしながら席に戻る。

　すると，担任が出席簿を手にして前に立ち「出席を取ります」と全員に伝える（え？　なぜ？　さっき当番のD児が欠席は確認したではないか）。

　担任が出席簿を広げ，順番に名前を読み上げると，「はい」とはっきりと返事をしながら手をあげて立ち上がり「今日は元気です」「風邪で薬を飲んでいます」などと，一人一人が自分の健康状態などについて答える。ほかの子どもは姿勢よく静かに前を向いている。

　出席を取り終わると，今度は先ほどまでやっていた遊びの紹介をするよう促す。「おもしろかった遊びを，みんなにお話しできる人」という条件がつく。多くの子どもたちが「楽しかった遊び」の紹介をする。指名されると立ち上がり「はい，○○がおもしろかったです」などと答える。みんな黙って聞いている。

　この集会の途中で，前半の遊びのかたづけと着替えに時間がかかったE児が遅れて入室する。保育者の前を横切って自分の椅子を取り，自分の席まで運び，着席する。その間，保育者も，子どもたちも誰ひとりE児に声をかけたり気にかけたりする様子を見せることはない。

〈考察〉

　実によく整った形式での朝の集会である。全員静かで，姿勢よく，人の話を聞いているように見える。しかし，この集会には，形式はあっても，内実はともなっていないように思われた。

　まず，当番が「欠席者の名前を伝えた」にもかかわらず，保育者が出席を取るのはなぜだろうか。矛盾している。欠席者の名前を確認するのは，同じクラスの仲間が「今日は休んでいるね」「どうしているのだろうね」と，心配した

り気遣ったりする気持ちの表れではないのだろうか。クラスの誰からも，そのような反応がなかったのは，欠席者確認が形式なのだろうと考える。

「今日の健康状態発表」も同じように，形式なのだと考える。誰かが「風邪で薬を飲んでいる」と言ったら，「私も飲んだことある」「甘い薬？　どんな薬？」などなど，言葉には出さなくても表情の変化やうなづきの動作など，いろいろな反応がみられるのではないかと思われる。

子どもが人の話を聞くということは，内容に心を動かすことをともなうと考えるからである。きちんとした態度で聞くこと，話す（二次的ことばで話す）ことは，大切だと考える。しかし，そこに言葉の使用を越えた，話すこと・聞くこと・確認することなどの意味がなければ，それは形式だけになる。

ここでは一人一人が互いを気遣い，思い合うこと，聞いてわかる・知る喜びがあるかどうかである。E児の遅れた入室に関して（たとえ，それがいつものことであったとしても）他児がまったく関心を払わなかったり，保育者からの一言の声かけもなかったりすることは，何のための欠席確認なのかと考えさせられる。つまり言葉（欠席確認）を越えた意味（E児を仲間と認め，気遣う気持ちの育ち）がなく，形式だけが残ることになる。形式的な言葉が行き交うことは，空虚な言葉を使うことを子どもに教えてしまう。

「おもしろかった遊び」を知らせ合い，新たな遊びに誘いたいという保育者の意図で行われた遊びの「報告」であるが，なかには観察者としてどうしてそれがおもしろかったと言えるのかわからないような遊びもあった。報告を求められているから，おもしろかった遊びとして答えているようにも感じられた。本当におもしろい遊びだったのか，どこをおもしろいと感じていたのか，保育者はまず把握しておき，おもしろくない遊びを「おもしろかったです」と言わせることはしてはならない。それはうそを教えることになるからである。自分の本当に感じていることを言葉にすることを教えなければならない。

また，本当におもしろい遊びであれば，そう広くない園庭での遊びで，しかも5年間の保育所での仲間関係の育ちを基盤にしているなら，そもそも遊びの報告など必要なのだろうか？　楽しい遊びは報告されなくても，お互いに知っていることが多い。子どもたちは案外情報収集力にたけている。また，本当に

❷ 実践のなかで考えるべき課題　163

おもしろい遊びを報告されるまで知らなければ，子どもたちは反応せずにいられないだろう。

　この事例でも，遅れてきたE児一人だけは「それ知ってる」や「どこで？」などと反応していた。「話を聞く態度」を形式だけに重きを置いて指導すると，人の話に本当の意味で「耳を傾ける」「心を動かして聴く」ことから離れてしまう。

４ 「謝る」という行為と言葉に気持ちはいらない？

事例4　「ごめんね」って言ってよ（4歳児9月）

　登園直後で，まだ全員が登園しておらず，遊戯室で戦いごっこのような鬼ごっこのような遊びが始まる。「えい，とう」などとかけ声を出しながら，いろいろな戦いのポーズを取りつつ，すばやく移動する。

　息が合って楽しんでいるF児の頬にG児の紙剣が当たった。かすかにふれた程度だったが，F児の表情が一瞬にして笑顔から驚きの表情に変わった。びっくりしたのだと思われた。

　F児はその場で，頬を押さえ，G児を見つめる。しかしG児は気づかず，その場から走り去る。F児は，頬を押さえたままG児のあとを追い，追いつくとG児に「ごめんねって言ってよ，ごめんねって言ってよ」と繰り返し言う。G児は自覚がなかったので，訳がわからない。F児は頬を押さえることもなく，ただ「ごめんねって言ってよ」とG児に詰め寄る。

事例5　謝ってもらっていない（5歳児6月）

　朝，H児の母親が担任に「H児が昨夜眠れないと言って。訳を聞いたら園でI児に遊具を取られてケンカになったこと，まだ謝ってくれない，と言うのですが」と状況を尋ねてきた。担任は，そのトラブルをはじめから見て知っていて，H児とI児の話し合いを見守り，最後に互いの悪かったことを納得して仲直りできたことを伝えた。そして，トラブルのあと，2人は仲良く遊び，昼食時も2人並んで仲良くおしゃべりしながら食べていた。

　すっかり仲良くなり，解決したと思っていたが，H児の気持ちはそうではなかったことを反省した。しかし，その日の保育中にそれとなくH児に話を

164　第2部　第9章 ★ 保育・幼児教育の現代的課題と領域「言葉」

すると「謝ってもらっていない」ことだけが気になっていることがわかった。母親も同様に，どちらか悪かったほうが"謝る"ことが解決だと考えている。

〈考察〉

本来，トラブルは相手の気持ちを理解したり，どうすれば仲直りして楽しく遊べるかを考えたり，様々なことを学ぶまたとないチャンスになる。F児もH児も，仲直りできたかどうかよりも"謝ったかどうか"が気になっている。最後は「ごめんなさい」を言う（言わせる）ことが繰り返され，そのことが大切なことだと思うようになっている。ここにも，形式（謝る）言葉があり，形式（謝る）言葉を越えた，意味（トラブルから何を学ぶか，仲良くなったことを喜ぶ気持ち）が薄くなっているといえる。

③ 保育者の関わり

① 聴き手としての保育者

事例6　トラブル時の保育者（4歳児6月）

J児とK児がお互いに相手を押したり，たたいたりしている。そこへ保育者が「お口でケンカしましょう」と間に入り，仲裁しようとする。

「Jちゃんはどうしてそうしたの？」「Kちゃんは？」と両者の気持ちや考えを聞きだし，それぞれの相手に「Jちゃんはこれで遊びたかったんだって」とK児に伝え，「Kちゃんはいやだったから，怒ったんだって」とJ児に伝える。

〈考察〉

お互いの気持ちや考えを言葉にして，相手に伝えることが仲介者としての保育者の仕事なのだろうか。まるで，メッセンジャーボーイのような役割でよいのだろうか。J児対K児の関係に，保育者が入るということはどういうことなのか。どのような関係が生まれることが，相手の言い分を受け入れたり，理解

したりすることにつながるのかを考えてみたい。

　J児の気持ちや考えを"聞きたい・知りたい"と心底思う保育者が，J児の言い分を聴いて「なるほど。それは理解できる。納得できる。やむを得ない」「理解できない」などと思う姿を，K児が見たり聞いたりすることが，K児のなかにJ児の言い分に耳を傾けようという気持ちを起こさせるのだと考える。しかも，信頼する大好きな保育者だからこそである。子どもの言葉をそのまま，あるいは子どもにわかりやすく翻訳して相手側に伝えるから，そこに納得が生まれるのではないと考える。そこに人が介在しなければ気持ちの変化や，相手の理解にはつながらない。聴き手としての保育者の存在が，聴き手としての子どもを育てる。

> **事例7**　**声にならない言葉を聴く**
>
> 　お手紙ごっこがクラスで流行する。個人別のポストができたり，保育者あての手紙がたくさん届いたりするようになった。そんなとき，ゆうた君から数字やアルファベットのゴム印がたくさん押された手紙が届いた（**写真9-1**）。数字や文字の向きは上下逆になったりならなかったりしているが，位置はきちんとそろっている。また，名前だけはきちんと「ゆうた」と押してある。保育者はこの手紙を受け取って，声に出して読んだ。「ゆうたより，せんせい，いっしょにあそぼう。サッカーやってたのしかったね」。ゆうた君は大喜びで，何度も読んでくれるようせがんだ。保育者は何度も繰り返し読んだ。ときどき，文章の内容は「こんどいっしょに，おべんとうたべようね」などと，違う内容になることがあるが，ゆうた君はそれもまた大喜びする。

〈考察〉

　まだ自由に字が書けないゆうた君は，それでもほかの子のように先生に手紙を出したい気持ちが強い。保育者が用意しておいたゴム印を利用して，手紙らしきものを保育者に手渡すことができた。

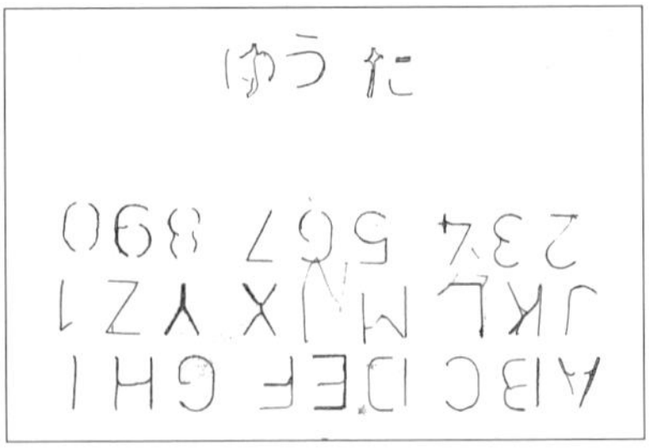

写真9-1　ゆうたの手紙

保育者は，その気持ちをしっかり受け取り，そのときどきのゆうた君の気持ちを察し，代弁する形で手紙を読んだ。声にならない，言葉にならない言葉を聴き取っているといえる。

2 話し手としての保育者

> **事例 8 詩を楽しむ保育者と子ども（5歳児11月）**
> 帰りがけ，身支度を整えて子どもたちが少しずつ集まってくる。保育者が中央に腰かけ，ほほえみながら詩の言葉を声に出して語り始めた。リズミカルに，明確な発音で，『のはらうた』の詩が語られる。すると，子どもたちの声がだんだん重なり，合唱のようになった。保育者も子どもたちも楽しげに生き生きと朗読している。

〈考察〉

このクラスの担任保育者は，詩が好きで，日頃から，絵本や紙芝居と同じように詩を読んで聞かせていた。自身が詩のリズムや言葉の響きが好きなので，それを子どもたちと一緒に楽しみたいと思い，短く簡単なものからはじめたそうだ。すると，無理なく子どもたちも楽しめるようになっていった。このように，まず保育者自身が楽しむ者として在ることが大切だと教えられた。

詩や歌詞には，美しい言葉，優しい言葉，力強い言葉などがあふれている。言葉としての歌詞を大切にして保育内容としての歌を考える必要があるだろう。リズムとメロディーだけでなく，歌詞を重視して，子どもがイメージできる，ひとまとまりの物語世界として描ける歌詞の歌を大事にしたい。

> **事例 9 大きな声に無自覚？ な保育者**
> テラスから突然大きな声が発せられた。園庭の向こう側にあるブランコで手を離している姿を見つけ「危ない！」と注意しているのだ。注意された子どもは，すぐにその遊びを止めた。
> そばにいた者が，耳を覆いたくなるような大きな声をあげなければならないほど危険だったのだろうか。危険なときは，大きな声ではなく，走り寄って知らせたほうがよいのではないか。大きな声は，身体を動かさずに声で保

❸ 保育者の関わり　167

育することへと保育者を変える。

　なぜ大きな声なのかを考えたとき，「私は，こんなに一生懸命に園庭の向こう側で起きている危険なことにも注意を払って保育をしています」と，周囲に知らせたい気持ちが，もしもはたらいていたとするならば，園全体の人間関係を見直す必要があるだろう。単に大声を出すクセならば，自覚し注意する必要があるだろう。保育者自身が気づかずに，大きな声を出して，ほかの遊びをしている子どもたちが，一瞬，動きを止める場面に多く出会う。

③ "やりとり" する保育者

> **事例10**　ゲームのやり方を尋ねながら（4歳児2月）
> 保：これどうやってあそぶのかなあ？
> 子：あのね，ここからボール入れるの。
> 保：そうなの。ちょっとやってもいいかな？　やらせてくれる？
> 子：いいよ。ここ持って。そうそう。
> 保：あ，曲がっちゃった。ここがむずかしいのね。
> 子：あのね，ここんとここうやって（狭くなっている意味）つくったの。
> 保：そうか。ここが狭くなっているから，むずかしいのね。
> 子：それからね，この丸いのも（紙筒）あとから付けたんだよ。
> 保：へえー，そうなの。これ付けるの大変だったでしょ。
> 子：あのねセロハンテープをね，こうやって丸くしてつけたの。

〈考察〉

　保育者が，単刀直入に遊び方の説明を求めるのではなく，ゲームをやらせてもらいながら，そのなかでの気づきを言葉にしながら子どもとの言葉のやりとりを引き出している。やりとりが生まれることで，子どもの側も，自分のつくったゲームのおもしろさや，ゲームとしてのむずかしさ，つくるときの工夫や苦労を自分で確認することにつながっている。このようなやりとりを通して，自分の活動の跡を振り返ったり確認したり，考え直したりする。

事例11 「どうしてそう思ったの？」と聞いてみる

　保育者養成校1年生が保育ボランティアに行ったときのエピソード。

　園に行くと，子どもたちが親しく近寄ってきた。男児は胸をさわったり「○が入っている」などと言う。そのうち「おもちせんせい」と呼ばれるようになった。やっぱり自分は体型的にふっくらしているのでそう呼ばれるのだな，と思い気にもしていなかった。

　ある日，いつものことだが，子どものリクエストに応じて片腕に1人，もう一方の腕に1人，合計2人の子どもをぶら下げて楽しんでいると「やっぱり，おもちせんせいだ」と言う。「やっぱり」と言う言葉が気になり，思い切って子どもに「どうして，おもち先生なの」と聞いてみた。すると「だって，力持ちだからだよ」と答えが返ってきた。

〈考察〉

　自分の体型の印象からそう言われたのだろうと思い，受け流していた「おもちせんせい」という言葉だが，「やっぱり」が気になり「どうしてそう思うの」という問いになった。問いを発することで，子どもたちの真の気持ちが理解できたのである。やりとりの重要性がわかる。

4 集団生活と言葉

事例12 発言の多い子を無意識に抑えてしまう保育者

　理解力があり，言葉もはっきりしていて，話し合いの場面ではいち早く発言し，その内容もしっかりしているL児。活発に発言はしていても，人の発言はあまり聞いていない。保育者は，L児のことを自分のことばかりで，他と協調できない，粗暴な言葉や行動で他を威圧するような面をもつ子どもとしてとらえていた。

　しかし，ある日，宿泊保育の計画を話し合っているとき，L児のアイデアに他児が「いいねえ」と相槌を打った。そこから話し合いが進み，L児も集団のなかでいつものように荒れることもなく最後まで話し合いに参加することができた。

　保育者はそのことを振り返り，自分が担任として無意識にL児の発言を抑え込んでいたことに気づいた。L児の意見を抑えずに，素直に受けとめて聞

❸ 保育者の関わり　169

くことを心がけるようにした。するとL児の考えに納得したり賛同したりする子どもが多く出て，L児も落ち着いて他児の意見に耳を傾ける姿がみられるようになった。

〈考察〉

　保育者として，活発なL児だけでなく，いろいろな子どもにできるだけ平等に発言させようと考えるのは当然の気持ちだと考える。一人の子どもや，一部分の子どもたちの意見だけでなく，声高にものを言わない子どもの意見も取り上げたいと考えるのは当然だろう。

　しかし，発言に消極的な子どもと同様に活発に意見を言う子どもも尊重しなければならないだろう。そこに，保育者としての知恵が求められる。消極的な子どもも，言いたいことがある場合，L児のような子どもの意見を他児が望んでいる場合など，どんな題材で，どのような状況で話し合いを進めるのか，リーダーとしての保育者は柔軟に戦略的に考え進める必要がある。

　まずは，話したい子どもが十分に話すことが大切だろう。L児のように聞いてもらえる・わかってもらえる体験を経たとき，他児の意見を聞く心のゆとりが生まれ発言にやりとりが生まれる。

> **事例13**　唱え言葉の魅力
> 　食事の前にいつもの決まった言葉がある。「用意はいいですか」「いいですよ」「それでは，みなさんご一緒に」「いただきます」。独特の抑揚で，食前の挨拶というより，歌あるいは唱え言葉のようである。「お父さん，お母さん。おいしいお弁当をありがとうございます。よく噛んで，残さずに，いただきます」というのもある。帰りがけの挨拶も同様。

〈考察〉

　園やクラスによって，内容やリズムや抑揚は異なるが，探してみればどこの園にもあるようだ。全員で"そろって"言わなければならない場合，子どもたちなりに"そろう"ための手だてを探し，"そろう"ことを楽しみ，それが独特の言い方になるのではないか。

170　第2部　第9章 ★ 保育・幼児教育の現代的課題と領域「言葉」

言葉として不自然であり，言葉の指導においては問題がある，ともいえるが，そこに子どもたちなりの一体感を感じる「楽しみ」があるともいえる。そろって唱えていることに安心せず，そのことも寛容に許容して楽しみの一つにすることも大切なのではないかと考える。

> **事例14**　遊びに入りたいときに ―積み木の車に乗りたいM児
> M：すいませーん。ここお願いします（車に足をかけようとする）⇒N：ここ，車だよ（遊びのイメージ確認）⇒M：車，はいってもいい？⇒N：いーれーてーって言わないと⇒M：いーれーて⇒N：いーいーよ
> 〜入りたいが断られるO児〜
> O：いれて⇒N：だめ。もう一杯です。D：壊れちゃうから，だめ。⇒O：じゃあ，立つから。⇒D：立つって言ったって，満杯だからダメ。⇒（O：強引に入る）⇒（乗り込んだものの狭くて積み木の一部が倒れる）⇒O（積み木を直しながら）：私だって乗りたかっただけなんだよ⇒D：黙って見ていたが，積み木を積み直し広くする。

〈考察〉

　遊びの仲間に入ることは，子どもにとって何気なくやっているように見えるが，苦労も多く，交渉していることが多い。相手の要求に素直に応じたり，ときには「私だって……」と強く自分を主張したりして思いを遂げている。

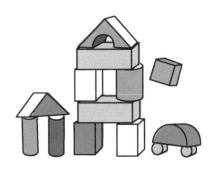

❸ 保育者の関わり　171

【注】
1) 中央教育審議会初等中等教育分科会「教育課程部会審議経過報告」（平成18年2月）においては，国際化，情報化，科学技術の発展のなかで，社会や経済のグローバル化が急速に進展し，異なる文化・文明の共存や持続可能な発展に向けての国際協力が求められるとともに，人材育成面での国際競争も加速していることから，学校教育において国家戦略として取り組むべき課題として，外国語教育があげられている。

2) 鳥飼玖美子は，小学校で英語教育を行う際の問題点として，英語教育を早くから始めればよいというものではないこと，英語教育を担う教員の確保のむずかしさ，などを指摘している（『危うし！　小学校英語』　文藝春秋，2006）。

3) 私立幼稚園等に英語の教師を派遣している会社へのインタビューによると，ネイティブの教師として，白人金髪の教師を派遣するよう希望する園もあるとのことである。異文化理解の視点から考えると，白人偏重がうかがわれる。また，実際の英語教育の時間の活動内容は，遊びを取り入れているが，単語を理解して教師の発音を真似て発音することがほとんどの場合もある。

4)「幼児教育を行う施設として共有すべき事項」として，「育みたい資質・能力」を3つ，「幼児期の終わりまでに育ってほしい姿」を10項目示している。

【参考文献】
青木久子・小林紀子　『幼児教育知の探求18　領域研究の現在〈言葉〉』　萌文書林，2013
岡本夏木　『幼児期—子どもは世界をどうつかむか』岩波書店，2005
岡本夏木　『子どもとことば』　岩波書店，1982
岡本夏木　『ことばと発達』　岩波書店，1985
工藤直子　『のはらうた』　童話屋，1984 ほか
鳥飼玖美子　『危うし！　小学校英語』　文藝春秋，2006
平田オリザ　『わかりあえないことから—コミュニケーション能力とは何か』　講談社，2012

演習問題

問1. オノマトペで，友達や子どもと会話してみよう。

問2. 子どもの書き残したもの，手紙などを探して読んでみる。写真に撮って，見せ合ってみよう。

問3. 子どもとともに読んでみたい「詩」を一つ選び，声に出して楽しんでみよう。みんなと一緒に朗読してみよう。

column

「なんのために？」（4，5歳児混合クラス　6月）

　朝の保育室。朝から雨が降っていることもあり，保育者は室内で遊びが充実するようにと考え，室内にいろいろな遊びのきっかけを用意している。

　絵具のコーナー，花型の色画用紙とストローとチューブ紐で首飾りをつくるコーナーなどなど。よく見ると，どのコーナーにも張り紙があり，遊びの説明やつくり方の説明が子ども向けにひらがなで書いてある（**写真9-2**）。

　しかも，説明されなくてもわかるような（つまり，読まなくてもわかる）内容である。おや？　何のために？　気になって担任に尋ねてみると，「最近字が読める子どもが増えてきたので。遊びの説明を担任がすべてできないので」との答えが返ってきた。

　遊び方やつくり方があらかじめ説明されていると，保育者が直接関わらなくても遊びが自主的に行われる（と思われる）。しかし，本当に自主的なのだろうか？　環境に自ら関わって，環境から活動の可能性を読み取るのは子ども自身ではないのか？　どのようなものをつくるのかをあらかじめ決められて，その通り行うのが，主体的と言えるのだろうか？　保育者の親切心から生まれた「説明書き」が，子ども自身の力を奪っているのではないだろうか。

写真9-2　遊びやつくり方の説明

索　引

■あ　行■

挨　拶…………105, 106
足場かけ………………27
遊び………………………2
　　──こむ………………73
謝る……………………164
言い訳…………………108
育児語…………………29
移　行……………………81
いざこざ………………119
一次的ことば…………159
異文化理解……………158
イメージ………………111
　　──を共有して伝え
　合う喜びを味わう……51
意　欲……………………14
う　そ…………108, 109
　　──を教える………163
絵………………………95
絵　本………60, 89, 95,
　　　　　　　95, 96, 116
援　助……………………73
応答し合う……………12
大きな声………………167
おもしろそうな言葉との
　出会い………………48
音韻意識………………92
音韻抽出………………92
音韻分解………………92

■か　行■

外国語教育……………158
回　文…………………116
会　話……………………80

鏡文字…………………93
関わり…………………77
書き言葉………14, 89, 95
歌　詞…………………167
紙芝居…………95, 104
カリキュラム……………80
カレンダー……………89
環境構成………97, 101
環境を通しての保育・教
　育………………………3
カンファレンス…………78
擬音語……………………14
聴き手としての保育者
　……………………166
擬態語……………………14
教育課程…………………5
共感的・共同的作業者
　………………………77
共同注意………………23
興味関心…………………2
クイズ…………………116
クーイング……………21
クラスの一員として…43
クラスの一体感………54
語　彙……………………37
　　──爆発………8, 26
声にならない言葉……166
心地よさ………………13
心通わせる……………12
ごっこ…………110, 112
　　──遊び……110, 112
言葉……………………56
　　──遊び……………116
　　──かけ……………120
　　──による伝え合い…65

　　──の美しさ………14
　　──の獲得…………2
個別の教育支援計画…131
個別の指導計画…131, 132

■さ　行■

逆さ言葉………………116
詩…………………………167
思考力，判断力，表現力
　等の基礎………………9
思考力の芽生え………14
資質・能力………6, 9, 78
姿　勢……………………15
指導計画………97, 101
児童文化財…41, 89, 95, 104
自分なりの言葉…115, 117
ジャーゴン……………22
社会的参照……………23
社会に開かれた教育課程
　……………………137
社会の変化……………157
しゃれ…………………116
集　団……………………95
　　──生活と言葉……169
　　──保育への参加…42
主体性……………………2
主体的……………………88
障害のある幼児などへの
　指導…………………131
小学校で英語教育……158
小学校との連携………81
職員会議………………78
初語……………………25
しりとり………………116
身体表現………………15

索　引　175

人的環境 …………………5, 72
信頼関係 …………………80
ストーリー ………………72
生活の連続性……………5
清濁音 ……………………92
全体的な計画……………5
促　音 ……………………92

■た　行■

ターン・テイキング …28
対　話 ……………………62
立ち居振る舞い …………72
達成感……………………3
縦書き ……………………91
地域に開かれた教育課程
　……………………………136
知識及び技能の基礎……9
知的好奇心………………2
長　音 ……………………92
沈　黙 ……………………15
告げ口……………………108
伝え合い …………………2, 56
伝え合う …………………87
　──言葉 ………………86
伝え方 ……………………76
伝えたい思い ……………88
伝えられる喜び…………161
伝える喜び………………161
手で探索する行動 ……96
同僚性 ……………………78
ドキュメンテーション
　……………………………147, 149
特殊音節 …………………92
特別な配慮を必要とする
　幼児……………………124
　──への指導………122
唱え言葉…………………170

■な　行■

なぞなぞ…………………116
喃　語 ……………………22
2語文 ……………………26
二次的ことば……………163
日本語 ……………………92
乳児保育…………………9

■は　行■

派遣教師…………………158
発達の最近接領域 ……27
発達の道筋 ………………5
発達や学びの連続性…81
話し合い…………………170
話し言葉…………………95
話し手としての保育者
　……………………………167
母親語 ……………………29
早口言葉…………………116
必要感 ……………………13
人前で話す体験…………161
響　き……………114, 115, 116
評　価 ……………………97
表　情 ……………………15
ひらがな…………………92
物的環境 …………………5, 99
文化的活動 ………………14
ベビートーク ……………29
保育カンファレンス …78
保育記録 …………………79
保育実践の知 ……………72
保育者の基本的役割 …73
方　言 ……………………114
ポートフォリオ………153
ポスター …………………89

■ま　行■

マザリーズ ………………29
まなざし …………………15
学びに向かう力，人間性
　等 ………………………9
学びの専門家 ……………78
昔　話 ……………………114
文　字 …………59, 88, 89
　──環境………89, 90
　──表記 ………………92

■や　行■

役割取得能力 ……………29
"やりとり"する保育者
　……………………………168
指さし …………………23, 37
指さす行動 ………………97
拗音 ………………………92
養護と教育………………7
幼児期の終わりまでに
　育ってほしい姿（10
　の姿）………9, 78, 158
予　想 ……………………75
読み聞かせに止まらない
　こと ……………………52

■ら　行■

リズム……………114, 115
領　域……………………6
　──「言語」………8
　──「言葉」………8
ルーティン ………………38
ルールのある遊び……113

■わ　行■

話者交替 …………………28
わらべうた………………116

乳幼児 教育・保育シリーズ
保育内容 言葉

2018 年 3 月 30 日　初　版第 1 刷発行

編著者―――秋田喜代美・野口隆子

発行者―――中川誠一

発行所―――株式会社 **光生館**

　　　　　〒112-0012　東京都文京区大塚 3-11-2
　　　　　　　　　　　　音羽ビル 7 階
　　　　　TEL 03-3943-3335　FAX 03-3943-3494
　　　　　http://www.koseikan.co.jp
　　　　　振替 00140-4-130621

編集協力―――株式会社ゆいプランニング

装丁・本文デザイン―――中野多恵子
本 文 イ ラ ス ト

印　　刷
製　　本―――倉敷印刷株式会社

Ⓒ Kiyomi Akita, Takako Noguchi, 2018.
Printed in Japan

・本書の複製権・翻訳権・上映権・譲渡権・公衆送信権（送
信可能化権を含む）は光生館が保有します。
・ JCOPY 〈㈳出版者著作権管理機構 委託出版物〉
本書の無断複写は著作権法上での例外を除き禁じられてい
ます。複写される場合は，そのつど事前に，㈳出版者著作
権管理機構（電話 03-3513-6969）の許諾を得てください。

ISBN 978-4-332-70187-3

乱丁・落丁本はお取替えいたします。

＊ 乳幼児 教育・保育シリーズ ＊

＊平成29年告示「幼稚園教育要領」「保育所保育指針」「幼保連携型認定こども園教育・保育要領」対応
＊教職課程コアカリキュラム・モデルカリキュラム準拠

保育内容総論	神長美津子・津金美智子・ 田代幸代　　　　　編著	保育内容 人間関係	岩立京子・ 西坂小百合 編著
保育方法論	神長美津子・津金美智子・ 五十嵐市郎　　　　　編著	保育内容 環境	神長美津子・掘越紀香・ 佐々木晃　　　　編著
教育課程論	神長美津子・津金美智子・ 河合優子・塩谷香　　編著	保育内容 言葉	秋田喜代美・野口隆子 編著
保育内容 健康	吉田伊津美・砂上史子・ 松嵜洋子　　　　　編著	保育内容 表現	鈴木みゆき・吉永早苗・ 志民一成・島田由紀子 編著

各 A5 判　本体 1,800 円

＊ 保 育 好 評 図 書 ＊

神長美津子・湯川秀樹・鈴木みゆき・山下文一 編著
専門職としての保育者　A 5 判
―保育者の力量形成に視点をあてて―　本体 1800 円

佐々木政人・澁谷昌史・加藤洋子 編著
改訂 子ども家庭福祉　A 5 判　本体 1900 円

春見静子・谷口純世・加藤洋子 編著
改訂 社会的養護　A 5 判　本体 1900 円

橋本祐子 編著
家庭支援論 第2版　A 5 判　本体 2000 円

岡﨑光子 編著
改訂 子どもの食と栄養　B 5 判　本体 2400 円

春見静子・澁谷昌史 編著
相談援助　A 5 判　本体 1800 円

小田 豊 監修／野尻裕子・栗原泰子 編著
教育原理　A 5 判　本体 2000 円

小田 豊 監修／栗原泰子・野尻裕子 編著
障がい児保育　A 5 判　本体 2000 円

小田 豊 監修／丹羽さがの 編著
保育の心理学Ⅰ・Ⅱ　A 5 判　各本体 1900 円

志賀清悟 編著
子どもの保健Ⅰ・Ⅱ　A 5 判　Ⅰ：本体 1900 円　Ⅱ：本体 2000 円

巷野悟郎・植松紀子 編著
乳児保育―0歳児・1歳児・2歳児―　A 5 判　本体 1900 円

小田 豊 監修／岡上直子・髙梨珪子 編著
保育者論　A 5 判　本体 1900 円

小田 豊 監修／岡上直子・鈴木みゆき・酒井幸子 編著
教育・保育実習と実習指導　A 5 判　本体 2000 円

宇山勝儀・小林 理 編著
社会福祉　A 5 判　本体 2000 円

春見静子・谷口純世 編著
社会的養護内容　A 5 判　本体 2000 円

小田 豊 監修／吉田ゆり・若本純子・丹羽さがの 編著
保育相談支援　A 5 判　本体 1900 円

小田 豊・神長美津子 編著
保育・教職実践演習　A 5 判　本体 2000 円

小田 豊・神長美津子・森 眞理 編著
改訂 保育原理
―子どもと共にある学びの育み―　A 5 判　本体 2200 円

巷野悟郎 監修／植松紀子 編著
保育者のためのハンドブック
―SOS に気づく 早めの支援―　B 6 判　本体 1900 円

社団法人日本ネイチャーゲーム協会 監修／
神長美津子・酒井幸子・田代幸代・山口哲也 編著
すごい！ふしぎ！おもしろい！
子どもと楽しむ自然体験活動
―保育力をみがくネイチャーゲーム―　B 5 判　本体 1800 円